BIRMANÊS
VOCABULÁRIO

PORTUGUÊS BRASILEIRO

PORTUGUÊS BIRMANÊS

Para alargar o seu léxico e apurar as suas competências linguísticas

3000 palavras

Vocabulário Português Brasileiro-Birmanês - 3000 palavras
Por Andrey Taranov

Os vocabulários da T&P Books destinam-se a ajudar a aprender, a memorizar, e a rever palavras estrangeiras. O dicionário é dividido em temas, cobrindo todas as principais esferas de atividades quotidianas, negócios, ciência, cultura, etc.

O processo de aprendizagem, utilizando os dicionários baseados em temáticas da T&P Books dá-lhe as seguintes vantagens:

- Informação de origem corretamente agrupada predetermina o sucesso em fases subsequentes da memorização de palavras
- Disponibilização de palavras derivadas da mesma raiz, o que permite a memorização de unidades de texto (em vez de palavras separadas)
- Pequenas unidades de palavras facilitam o processo de estabelecimento de vínculos associativos necessários para a consolidação do vocabulário
- O nível de conhecimento da língua pode ser estimado pelo número de palavras aprendidas

Copyright © 2019 T&P Books Publishing

Todos os direitos reservados. Nenhuma parte desta publicação pode ser reproduzida, total ou parcialmente, por quaisquer métodos ou processos, sejam eles eletrônicos, mecânicos, de fotocópia ou outros, sem a autorização escrita do editor. Esta publicação não pode ser divulgada, copiada ou distribuída em nenhum formato.

T&P Books Publishing
www.tpbooks.com

ISBN: 978-1-83955-075-1

Este livro também está disponível em formato E-book.
Por favor visite www.tpbooks.com ou as principais livrarias on-line.

VOCABULÁRIO BIRMANÊS
palavras mais úteis

Os vocabulários da T&P Books destinam-se a ajudar a aprender, a memorizar, e a rever palavras estrangeiras. O vocabulário contém mais de 3000 palavras de uso comum organizadas tematicamente.

O vocabulário contém as palavras mais comummente usadas
Recomendado como adicional para qualquer curso de línguas
Satisfaz as necessidades dos iniciados e dos alunos avançados de línguas estrangeiras
Conveniente para o uso diário, sessões de revisão e atividades de auto-teste
Permite avaliar o seu vocabulário

Características especias do vocabulário

- As palavras estão organizadas de acordo com o seu significado, e não por ordem alfabética
- As palavras são apresentadas em três colunas para facilitar os processos de revisão e auto-teste
- As palavras compostas são divididas em pequenos blocos para facilitar o processo de aprendizagem
- O vocabulário oferece uma transcrição simples e adequada de cada palavra estrangeira

O vocabulário contém 101 tópicos incluindo:

Conceitos básicos, Números, Cores, Meses, Estações do ano, Unidades de medida, Roupas & Acessórios, Alimentos & Nutrição, Restaurante, Membros da Família, Parentes, Caráter, Sentimentos, Emoções, Doenças, Cidade, Passeios, Compras, Dinheiro, Casa, Lar, Escritório, Trabalho no Escritório, Importação & Exportação, Marketing, Pesquisa de Emprego, Esportes, Educação, Computador, Internet, Ferramentas, Natureza, Países, Nacionalidades e muito mais ...

TABELA DE CONTEÚDOS

Guia de pronunciação 8
Abreviaturas 9

CONCEITOS BÁSICOS 10

1. Pronomes 10
2. Cumprimentos. Saudações 10
3. Questões 11
4. Preposições 11
5. Palavras funcionais. Advérbios. Parte 1 12
6. Palavras funcionais. Advérbios. Parte 2 14

NÚMEROS. DIVERSOS 15

7. Números cardinais. Parte 1 15
8. Números cardinais. Parte 2 16
9. Números ordinais 16

CORES. UNIDADES DE MEDIDA 17

10. Cores 17
11. Unidades de medida 17
12. Recipientes 18

VERBOS PRINCIPAIS 20

13. Os verbos mais importantes. Parte 1 20
14. Os verbos mais importantes. Parte 2 21
15. Os verbos mais importantes. Parte 3 22
16. Os verbos mais importantes. Parte 4 22

TEMPO. CALENDÁRIO 24

17. Dias da semana 24
18. Horas. Dia e noite 24
19. Meses. Estações 25

VIAGENS. HOTEL	28
20. Viagens	28
21. Hotel	28
22. Turismo	29
TRANSPORTES	31
23. Aeroporto	31
24. Avião	32
25. Comboio	33
26. Barco	34
CIDADE	36
27. Transportes urbanos	36
28. Cidade. Vida na cidade	37
29. Instituições urbanas	38
30. Sinais	39
31. Compras	40
VESTUÁRIO & ACESSÓRIOS	42
32. Roupa exterior. Casacos	42
33. Vestuário de homem & mulher	42
34. Vestuário. Roupa interior	43
35. Adereços de cabeça	43
36. Calçado	43
37. Acessórios pessoais	44
38. Vestuário. Diversos	44
39. Cuidados pessoais. Cosméticos	45
40. Relógios de pulso. Relógios	46
EXPERIÊNCIA DO QUOTIDIANO	47
41. Dinheiro	47
42. Correios. Serviço postal	48
43. Banca	48
44. Telefone. Conversação telefônica	49
45. Telefone móvel	50
46. Estacionário	50
47. Línguas estrangeiras	51
REFEIÇÕES. RESTAURANTE	53
48. Por a mesa	53
49. Restaurante	53
50. Refeições	53
51. Pratos cozinhados	54
52. Comida	55

53. Bebidas	57
54. Vegetais	58
55. Frutos. Nozes	59
56. Pão. Bolaria	59
57. Especiarias	60

INFORMAÇÃO PESSOAL. FAMÍLIA — 61

58. Informação pessoal. Formulários	61
59. Membros da família. Parentes	61
60. Amigos. Colegas de trabalho	62

CORPO HUMANO. MEDICINA — 64

61. Cabeça	64
62. Corpo humano	65
63. Doenças	65
64. Sintomas. Tratamentos. Parte 1	67
65. Sintomas. Tratamentos. Parte 2	68
66. Sintomas. Tratamentos. Parte 3	69
67. Medicina. Drogas. Acessórios	69

APARTAMENTO — 71

68. Apartamento	71
69. Mobiliário. Interior	71
70. Quarto de dormir	72
71. Cozinha	72
72. Casa de banho	73
73. Eletrodomésticos	74

A TERRA. TEMPO — 75

74. Espaço sideral	75
75. A Terra	76
76. Pontos cardeais	77
77. Mar. Oceano	77
78. Nomes de Mares e Oceanos	78
79. Montanhas	79
80. Nomes de montanhas	80
81. Rios	80
82. Nomes de rios	81
83. Floresta	81
84. Recursos naturais	82
85. Tempo	83
86. Tempo extremo. Catástrofes naturais	84

FAUNA — 86

87. Mamíferos. Predadores	86
88. Animais selvagens	86

89. Animais domésticos — 87
90. Pássaros — 88
91. Peixes. Animais marinhos — 90
92. Anfíbios. Répteis — 90
93. Insetos — 91

FLORA — 92

94. Árvores — 92
95. Arbustos — 92
96. Frutos. Bagas — 93
97. Flores. Plantas — 94
98. Cereais, grãos — 95

PAÍSES DO MUNDO — 96

99. Países. Parte 1 — 96
100. Países. Parte 2 — 97
101. Países. Parte 3 — 97

GUIA DE PRONUNCIAÇÃO

Comentários

O MLC Transcription System (MLCTS) é usado como uma transcrição neste livro.
Uma descrição deste sistema pode ser encontrada aqui:
https://en.wiktionary.org/wiki/Wiktionary:Burmese_transliteration
https://en.wikipedia.org/wiki/MLC_Transcription_System

ABREVIATURAS
usadas no vocabulário

Abreviaturas do Português

adj	-	adjetivo
adv	-	advérbio
anim.	-	animado
conj.	-	conjunção
desp.	-	esporte
etc.	-	Etcetera
ex.	-	por exemplo
f	-	nome feminino
f pl	-	feminino plural
fem.	-	feminino
inanim.	-	inanimado
m	-	nome masculino
m pl	-	masculino plural
m, f	-	masculino, feminino
masc.	-	masculino
mat.	-	matemática
mil.	-	militar
pl	-	plural
prep.	-	preposição
pron.	-	pronome
sb.	-	sobre
sing.	-	singular
v aux	-	verbo auxiliar
vi	-	verbo intransitivo
vi, vt	-	verbo intransitivo, transitivo
vr	-	verbo reflexivo
vt	-	verbo transitivo

CONCEITOS BÁSICOS

1. Pronomes

eu	ကျွန်	kjunou'
você	သင်	thin
ele	သူ	thu
ela	သူမ	thu ma.
ele, ela (neutro)	၎င်း	jin:
nós	ကျွန်ုပ်တို့	kjunou' tou.
nós (masc.)	ကျွန်တော်တို့	kjun do. dou.
nós (fem.)	ကျွန်မတို့	kjun ma. tou.
vocês	သင်တို့	thin dou.
o senhor, -a	သင်	thin
senhores, -as	သင်တို့	thin dou.
eles	သူတို့	thu dou.
elas	သူမတို့	thu ma. dou.

2. Cumprimentos. Saudações

Oi!	မင်္ဂလာပါ	min ga. la ba
Olá!	မင်္ဂလာပါ	min ga. la ba
Bom dia!	မင်္ဂလာနံနက်ခင်းပါ	min ga. la nan ne' gin: ba
Boa tarde!	မင်္ဂလာနေ့လယ်ခင်းပါ	min ga. la nei. le gin: ba
Boa noite!	မင်္ဂလာညနေခင်းပါ	min ga. la nja nei gin: ba
cumprimentar (vt)	နှုတ်ဆက်သည်	hnou' hsei' te
Oi!	ဟိုင်း	hain:
saudação (f)	ဟလို	ha. lou
saudar (vt)	နှုတ်ဆက်သည်	hnou' hsei' te
Tudo bem?	နေကောင်းလား	nei gaun: la:
Como você está?	နေကောင်းပါသလား	nei gaun: ba dha la:
Como vai?	အဆင်ပြေလား	ahsin bjei la:
E aí, novidades?	ဘာထူးသေးလဲ	ba du: dei: le:
Tchau!	ဂွတ်ဘိုင်	gu' bain
Até logo!	တာတာ	ta. da
Até breve!	မကြာခင်ပြန်ဆုံကြမယ်	ma gja. gin bjan zoun gja. me
Adeus!	နှုတ်ဆက်ပါတယ်	hnou' hsei' pa de
despedir-se (dizer adeus)	နှုတ်ဆက်သည်	hnou' hsei' te
Até mais!	တာတာ	ta. da
Obrigado! -a!	ကျေးဇူးတင်ပါတယ်	kjei: zu: din ba de
Muito obrigado! -a!	ကျေးဇူးအများကြီးတင်ပါတယ်	kjei: zu: amja: kji: din ba de
De nada	ရပါတယ်	ja. ba de

Não tem de quê	ကိစ္စမရှိပါဘူး	kei. sa ma. shi. ba bu:
Não foi nada!	ရပါတယ်	ja. ba de
Desculpa!	ဆောရီးနော်	hso: ji: no:
Desculpe!	တောင်းပန်ပါတယ်	thaun: ban ba de
desculpar (vt)	ခွင့်လွှတ်သည်	khwin. hlu' te
desculpar-se (vr)	တောင်းပန်သည်	thaun: ban de
Me desculpe	တောင်းပန်ပါတယ်	thaun: ban ba de
Desculpe!	ခွင့်လွှတ်ပါ	khwin. hlu' pa
perdoar (vt)	ခွင့်လွှတ်သည်	khwin. hlu' te
Não faz mal	ကိစ္စမရှိပါဘူး	kei. sa ma. shi. ba bu:
por favor	ကျေးဇူးပြု၍	kjei: zu: pju. i.
Não se esqueça!	မမေ့ပါနဲ့	ma. mei. ba ne.
Com certeza!	ရတာပေါ့	ja. da bo.
Claro que não!	မဟုတ်တာသေချာတယ်	ma hou' ta dhei gja de
Está bem! De acordo!	သဘောတူတယ်	dhabo: tu de
Chega!	တော်ပြီ	to bji

3. Questões

Quem?	ဘယ်သူလဲ	be dhu le:
O que?	ဘာလဲ	ba le:
Onde?	ဘယ်မှာလဲ	be hma le:
Para onde?	ဘယ်ကိုလဲ	be gou le:
De onde?	ဘယ်ကလဲ	be ga. le:
Quando?	ဘယ်တော့လဲ	be do. le:
Para quê?	ဘာအတွက်လဲ	ba atwe' le:
Por quê?	ဘာကြောင့်လဲ	ba gjaun. le:
Para quê?	ဘာအတွက်လဲ	ba atwe' le:
Como?	ဘယ်လိုလဲ	be lau le:
Qual (~ é o problema?)	ဘယ်လိုမျိုးလဲ	be lau mjou: le:
Qual (~ deles?)	ဘယ်ဟာလဲ	be ha le:
A quem?	ဘယ်သူ့ကိုလဲ	be dhu. gou le:
De quem?	ဘယ်သူ့အကြောင်းလဲ	be dhu. kjaun: le:
Do quê?	ဘာအကြောင်းလဲ	ba akjain: le:
Com quem?	ဘယ်သူ့နဲ့လဲ	be dhu ne. le:
Quanto, -os, -as?	ဘယ်လောက်လဲ	be lau' le:
De quem (~ é isto?)	ဘယ်သူ့	be dhu.

4. Preposições

com (prep.)	နဲ့အတူ	ne. atu
sem (prep.)	မပါဘဲ	ma. ba be:
a, para (exprime lugar)	သို့	thou.
sobre (ex. falar ~)	အကြောင်း	akjaun:
antes de ...	မတိုင်မီ	ma. dain mi
em frente de ...	ရှေ့မှာ	shei. hma

debaixo de …	အောက်မှာ	au' hma
sobre (em cima de)	အပေါ်မှာ	apo hma
em …, sobre …	အပေါ်	apo
de, do (sou ~ Rio de Janeiro)	မှ	hma.
de (feito ~ pedra)	ဖြင့်	hpjin.
em (~ 3 dias)	နောက်	nau'
por cima de …	ဖြတ်လျက်	hpja' lje'

5. Palavras funcionais. Advérbios. Parte 1

Onde?	ဘယ်မှာလဲ	be hma le:
aqui	ဒီမှာ	di hma
lá, ali	ဟိုမှာ	hou hma.
em algum lugar	တစ်နေရာရာမှာ	ti' nei ja ja hma
em lugar nenhum	ဘယ်မှာမှ	be hma hma.
perto de …	နားမှာ	na: hma
perto da janela	ပြတင်းပေါက်နားမှာ	badin: pau' hna: hma
Para onde?	ဘယ်ကိုလဲ	be gou le:
aqui	ဒီဘက်ကို	di be' kou
para lá	ဟိုဘက်ကို	hou be' kou
daqui	ဒီဘက်မှ	di be' hma
de lá, dali	ဟိုဘက်မှ	hou be' hma.
perto	နီးသည်	ni: de
longe	အဝေးမှာ	awei: hma
perto de …	နားမှာ	na: hma
à mão, perto	ဘေးမှာ	bei: hma
não fica longe	မနီးမဝေး	ma. ni ma. wei:
esquerdo (adj)	ဘယ်	be
à esquerda	ဘယ်ဘက်မှာ	be be' hma
para a esquerda	ဘယ်ဘက်	be be'
direito (adj)	ညာဘက်	nja be'
à direita	ညာဘက်မှာ	nja be' hma
para a direita	ညာဘက်	nja be'
em frente	ရှေ့မှာ	shei. hma
da frente	ရှေ့	shei.
adiante (para a frente)	ရှေ့	shei.
atrás de …	နောက်မှာ	nau' hma
de trás	နောက်က	nau' ka.
para trás	နောက်	nau'
meio (m), metade (f)	အလယ်	ale
no meio	အလယ်မှာ	ale hma
do lado	ဘေးမှာ	bei: hma
em todo lugar	နေရာတိုင်းမှာ	nei ja dain: hma

por todos os lados	ပတ်လည်မှာ	pa' le hma
de dentro	အထဲမှ	a hte: hma.
para algum lugar	တစ်နေရာရာကို	ti' nei ja ja gou
diretamente	တိုက်ရိုက်	tai' jai'
de volta	အပြန်	apjan
de algum lugar	တစ်နေရာရာမှ	ti' nei ja ja hma.
de algum lugar	တစ်နေရာရာမှ	ti' nei ja ja hma.
em primeiro lugar	ပထမအနေဖြင့်	pahtama. anei gjin.
em segundo lugar	ဒုတိယအနေဖြင့်	du. di. ja. anei bjin.
em terceiro lugar	တတိယအနေဖြင့်	tati. ja. anei bjin.
de repente	မတော်တဆ	ma. do da. za.
no início	အစမှာ	asa. hma
pela primeira vez	ပထမဆုံး	pahtama. zoun:
muito antes de ...	မတိုင်ခင် အတော်လေး အလိုက	ma. dain gin ato lei: alou ga.
de novo	အသစ်တဖန်	athi' da. ban
para sempre	အမြဲတမ်း	amje: dan:
nunca	ဘယ်တော့မှ	be do hma.
de novo	တဖန်	tahpan
agora	အခုတော့	akhu dau.
frequentemente	ခဏခဏ	khana. khana.
então	ထိုသို့ဖြစ်လျှင်	htou dhou. bji' shin
urgentemente	အမြန်	aman
normalmente	ပုံမှန်	poun hman
a propósito, ...	စကားမစပ်	zaga: ma. za'
é possível	ဖြင်နိုင်သည်	hpjin nain de
provavelmente	ဖြစ်နိုင်သည်	hpji' nein de
talvez	ဖြစ်နိုင်သည်	hpji' nein de
além disso, ...	ဒါအပြင်	da. apjin
por isso ...	ဒါကြောင့်	da gjaun.
apesar de ...	သော်လည်း	tho lei:
graças a ...	ကြောင့်	kjaun.
que (pron.)	ဘာ	ba
que (conj.)	ဟု	hu
algo	တစ်ခုခု	ti' khu. gu.
alguma coisa	တစ်ခုခု	ti' khu. gu.
nada	ဘာမှ	ba hma.
quem	ဘယ်သူ	be dhu.
alguém (~ que ...)	တစ်ယောက်ယောက်	ti' jau' jau'
alguém (com ~)	တစ်ယောက်ယောက်	ti' jau' jau'
ninguém	ဘယ်သူမှ	be dhu hma.
para lugar nenhum	ဘယ်ကိုမှ	be gou hma.
de ninguém	ဘယ်သူမှမပိုင်သော	be dhu hma ma. bain de.
de alguém	တစ်ယောက်ယောက်ရဲ့	ti' jau' jau' je.
tão	ဒီလို	di lou
também (gostaria ~ de ...)	ထို့ပြင်လည်း	htou. bjin le:
também (~ eu)	လည်းဘဲ	le: be:

6. Palavras funcionais. Advérbios. Parte 2

Por quê?	ဘာကြောင့်လဲ	ba gjaun. le:
por alguma razão	တစ်စုံစုကြောင့်	ti' khu. gu. gjaun.
porque ...	အဘယ်ကြောင့်ဆိုသော်	abe gjo:n. zou dho
por qualquer razão	တစ်စုံစုအတွက်	ti' khu. gu. atwe'

e (tu ~ eu)	နှင့်	hnin.
ou (ser ~ não ser)	သို့မဟုတ်	thou. ma. hou'
mas (porém)	ဒါပေမဲ့	da bei me.
para (~ a minha mãe)	အတွက်	atwe'

muito, demais	အလွန်	alun
só, somente	သာ	tha
exatamente	အတိအကျ	ati. akja.
cerca de (~ 10 kg)	ခန့်	khan.

aproximadamente	ခန့်မှန်းခြေအားဖြင့်	khan hman: gjei a: bjin.
aproximado (adj)	ခန့်မှန်းခြေဖြစ်သော	khan hman: gjei bji' te.
quase	နီးပါး	ni: ba:
resto (m)	ကျန်သော	kjan de.

o outro (segundo)	တခြားသော	tacha: de.
outro (adj)	အခြားသော	apja: de.
cada (adj)	တိုင်း	tain:
qualquer (adj)	မဆို	ma. zou
muitos, muitas	အပြောက်အများ	amjau' amja:
muito	အများကြီး	amja: gji:
muitas pessoas	များစွာသော	mja: zwa de.
todos	အားလုံး	a: loun:

em troca de ...	အစား	asa:
em troca	အစား	asa:
à mão	လက်ဖြင့်	le' hpjin.
pouco provável	ဖြစ်နိုင်ခြေ နည်းသည်	hpji' nain gjei ni: de

provavelmente	ဖြစ်နိုင်သည်	hpji' nein de
de propósito	တမင်	tamin
por acidente	အမှတ်တမဲ့	ahma' ta. me.

muito	သိပ်	thei'
por exemplo	ဥပမာအားဖြင့်	upama a: bjin.
entre	ကြား	kja:
entre (no meio de)	ကြားထဲတွင်	ka: de: dwin:
tanto	ဒီလောက်	di lau'
especialmente	အထူးသဖြင့်	a htu: dha. hjin.

NÚMEROS. DIVERSOS

7. Números cardinais. Parte 1

zero	သုည	thoun nja.
um	တစ်	ti'
dois	နှစ်	hni'
três	သုံး	thoun:
quatro	လေး	lei:
cinco	ငါး	nga:
seis	ခြောက်	chau'
sete	ခုနစ်	khun hni'
oito	ရှစ်	shi'
nove	ကိုး	kou:
dez	တစ်ဆယ်	ti' hse
onze	တစ်ဆယ့်တစ်	ti' hse. ti'
doze	တစ်ဆယ့်နှစ်	ti' hse. hni'
treze	တစ်ဆယ့်သုံး	ti' hse. thoun:
catorze	တစ်ဆယ့်လေး	ti' hse. lei:
quinze	တစ်ဆယ့်ငါး	ti' hse. nga:
dezesseis	တစ်ဆယ့်ခြောက်	ti' hse. khau'
dezessete	တစ်ဆယ့်ခုနစ်	ti' hse. khu ni'
dezoito	တစ်ဆယ့်ရှစ်	ti' hse. shi'
dezenove	တစ်ဆယ့်ကိုး	ti' hse. gou:
vinte	နှစ်ဆယ်	hni' hse
vinte e um	နှစ်ဆယ့်တစ်	hni' hse. ti'
vinte e dois	နှစ်ဆယ့်နှစ်	hni' hse. hni'
vinte e três	နှစ်ဆယ့်သုံး	hni' hse. thuan:
trinta	သုံးဆယ်	thoun: ze
trinta e um	သုံးဆယ့်တစ်	thoun: ze. di'
trinta e dois	သုံးဆယ့်နှစ်	thoun: ze. hni'
trinta e três	သုံးဆယ့်သုံး	thoun: ze. dhoun:
quarenta	လေးဆယ်	lei: hse
quarenta e um	လေးဆယ့်တစ်	lei: hse. ti'
quarenta e dois	လေးဆယ့်နှစ်	lei: hse. hni'
quarenta e três	လေးဆယ့်သုံး	lei: hse. thaun:
cinquenta	ငါးဆယ်	nga: ze
cinquenta e um	ငါးဆယ့်တစ်	nga: ze di'
cinquenta e dois	ငါးဆယ့်နှစ်	nga: ze hni'
cinquenta e três	ငါးဆယ့်သုံး	nga: ze dhoun:
sessenta	ခြောက်ဆယ်	chau' hse
sessenta e um	ခြောက်ဆယ့်တစ်	chau' hse. di'

sessenta e dois	ခြောက်ဆယ့်နှစ်	chau' hse. hni'
sessenta e três	ခြောက်ဆယ့်သုံး	chau' hse. dhoun:
setenta	ခုနစ်ဆယ်	khun hni' hse.
setenta e um	ခုနစ်ဆယ့်တစ်	qunxcy•tx
setenta e dois	ခုနစ်ဆယ့်နှစ်	khun hni' hse. hni
setenta e três	ခုနစ်ဆယ့်သုံး	khu. ni' hse. dhoun:
oitenta	ရှစ်ဆယ်	shi' hse
oitenta e um	ရှစ်ဆယ့်တစ်	shi' hse. ti'
oitenta e dois	ရှစ်ဆယ့်နှစ်	shi' hse. hni'
oitenta e três	ရှစ်ဆယ့်သုံး	shi' hse. dhun:
noventa	ကိုးဆယ်	kou: hse
noventa e um	ကိုးဆယ့်တစ်	kou: hse. ti'
noventa e dois	ကိုးဆယ့်နှစ်	kou: hse. hni'
noventa e três	ကိုးဆယ့်သုံး	kou: hse. dhaun:

8. Números cardinais. Parte 2

cem	တစ်ရာ	ti' ja
duzentos	နှစ်ရာ	hni' ja
trezentos	သုံးရာ	thoun: ja
quatrocentos	လေးရာ	lei: ja
quinhentos	ငါးရာ	nga: ja
seiscentos	ခြောက်ရာ	chau' ja
setecentos	ခုနစ်ရာ	khun hni' ja
oitocentos	ရှစ်ရာ	shi' ja
novecentos	ကိုးရာ	kou: ja
mil	တစ်ထောင်	ti' htaun
dois mil	နှစ်ထောင်	hni' taun
três mil	သုံးထောင်	thoun: daun
dez mil	တစ်သောင်း	ti' thaun:
cem mil	တစ်သိန်း	ti' thein:
um milhão	တစ်သန်း	ti' than:
um bilhão	ဘီလီယံ	bi li jan

9. Números ordinais

primeiro (adj)	ပထမ	pahtama.
segundo (adj)	ဒုတိယ	du. di. ja.
terceiro (adj)	တတိယ	tati, ja,
quarto (adj)	စတုတ္ထ	zadou' hta.
quinto (adj)	ပဉ္စမ	pjin sama.
sexto (adj)	ဆဋ္ဌမ	hsa. htama.
sétimo (adj)	သတ္တမ	tha' tama.
oitavo (adj)	အဋ္ဌမ	a' htama.
nono (adj)	နဝမ	na. wa. ma.
décimo (adj)	ဒသမ	da dha ma

CORES. UNIDADES DE MEDIDA

10. Cores

cor (f)	အရောင်	ajaun
tom (m)	အသွေးအဆင်း	athwei: ahsin:
tonalidade (m)	အရောင်အသွေး	ajaun athwei:
arco-íris (m)	သက်တံ	the' tan
branco (adj)	အဖြူရောင်	ahpju jaun
preto (adj)	အနက်ရောင်	ane' jaun
cinza (adj)	ခဲရောင်	khe: jaun
verde (adj)	အစိမ်းရောင်	asain: jaun
amarelo (adj)	အဝါရောင်	awa jaun
vermelho (adj)	အနီရောင်	ani jaun
azul (adj)	အပြာရောင်	apja jaun
azul claro (adj)	အပြာနုရောင်	apja nu. jaun
rosa (adj)	ပန်းရောင်	pan: jaun
laranja (adj)	လိမ္မော်ရောင်	limmo jaun
violeta (adj)	ခရမ်းရောင်	khajan: jaun
marrom (adj)	အညိုရောင်	anjou jaun
dourado (adj)	ရွှေရောင်	shwei jaun
prateado (adj)	ငွေရောင်	ngwei jaun
bege (adj)	ဝါညိုနုရောင်	wa njou nu. jaun
creme (adj)	နို့ဟင်းရောင်	nou. hni' jaun
turquesa (adj)	စိမ်းပြာရောင်	sein: bja jaun
vermelho cereja (adj)	ချယ်ရီရောင်	che ji jaun
lilás (adj)	ခရမ်းဖျော့ရောင်	khajan: bjo. jaun
carmim (adj)	ကြက်သွေးရောင်	kje' thwei: jaun
claro (adj)	အရောင်ဖျော့သော	ajaun bjo. de.
escuro (adj)	အရောင်ရင့်သော	ajaun jin. de.
vivo (adj)	တောက်ပသော	tau' pa. de.
de cor	အရောင်ရှိသော	ajaun shi. de.
a cores	ရောင်စုံ	jau' soun
preto e branco (adj)	အဖြူအမည်း	ahpju ame:
unicolor (de uma só cor)	တစ်ရောင်တည်းရှိသော	ti' jaun te: shi. de.
multicolor (adj)	အရောင်စုံသော	ajaun zoun de.

11. Unidades de medida

peso (m)	အလေးချိန်	alei: gjein
comprimento (m)	အရှည်	ashei

largura (f)	အကျယ်	akje
altura (f)	အမြင့်	amjin.
profundidade (f)	အနက်	ane'
volume (m)	ထုထည်	du. de
área (f)	အကျယ်အဝန်း	akje awun:

grama (m)	ဂရမ်	ga ran
miligrama (m)	မီလီဂရမ်	mi li ga. jan
quilograma (m)	ကီလိုဂရမ်	ki lou ga jan
tonelada (f)	တန်	tan
libra (453,6 gramas)	ပေါင်	paun
onça (f)	အောင်စ	aun sa.

metro (m)	မီတာ	mi ta
milímetro (m)	မီလီမီတာ	mi li mi ta
centímetro (m)	စင်တီမီတာ	sin ti mi ta
quilômetro (m)	ကီလိုမီတာ	ki lou mi ta
milha (f)	မိုင်	main

polegada (f)	လက်မ	le' ma
pé (304,74 mm)	ပေ	pei
jarda (914,383 mm)	ကိုက်	kou'

metro (m) quadrado	စတုရန်းမီတာ	satu. jan: mi ta
hectare (m)	ဟက်တာ	he' ta

litro (m)	လီတာ	li ta
grau (m)	ဒီဂရီ	di ga ji
volt (m)	ဗို့	boi.
ampère (m)	အမ်ပီယာ	an bi ja
cavalo (m) de potência	မြင်းကောင်ရေအား	mjin: gaun jei a:

quantidade (f)	အရေအတွက်	ajei adwe'
um pouco de ...	နည်းနည်း	ne: ne:
metade (f)	တစ်ဝက်	ti' we'
dúzia (f)	ဒါဇင်	da zin
peça (f)	ခု	khu.

tamanho (m), dimensão (f)	အဝိုင်းအတာ	atain: ata
escala (f)	စကေး	sakei:

mínimo (adj)	အနည်းဆုံး	ane: zoun
menor, mais pequeno	အသေးဆုံး	athei: zoun:
médio (adj)	အလယ်အလတ်	ale ala'
máximo (adj)	အများဆုံး	amja: zoun:
maior, mais grande	အကြီးဆုံး	akji: zoun:

12. Recipientes

pote (m) de vidro	ဖန်ဘူး	hpan bu:
lata (~ de cerveja)	သံဘူး	than bu:
balde (m)	ရေပုံး	jei boun:
barril (m)	စည်ပိုင်း	si bain:
bacia (~ de plástico)	ဇလုံ	za loun

tanque (m)	သံစည်	than zi
cantil (m) de bolso	အရက်ပုလင်းပြား	aje' pu lin: pja:
galão (m) de gasolina	ဓာတ်ဆီပုံး	da' hsi boun:
cisterna (f)	တိုင်ကီ	tain ki
caneca (f)	မတ်ခွက်	ma' khwe'
xícara (f)	ခွက်	khwe'
pires (m)	အောက်ခံပန်းကန်ပြား	au' khan ban: kan pja:
copo (m)	ဖန်ခွက်	hpan gwe'
taça (f) de vinho	ဝိုင်ခွက်	wain gwe'
panela (f)	ပေါင်းအိုး	paun: ou:
garrafa (f)	ပုလင်း	palin:
gargalo (m)	ပုလင်းလည်ပင်း	palin: le bin:
jarra (f)	ဖန်ချိုင့်	hpan gjain.
jarro (m)	ကရား	kaja:
recipiente (m)	အိုးခွက်	ou: khwe'
pote (m)	မြေအိုး	mjei ou:
vaso (m)	ပန်းအိုး	pan: ou:
frasco (~ de perfume)	ပုလင်း	palin:
frasquinho (m)	ပုလင်းကလေး	palin: galei:
tubo (m)	ဘူး	bu:
saco (ex. ~ de açúcar)	ဂုန်နီအိတ်	goun ni ei'
sacola (~ plastica)	အိတ်	ei'
maço (de cigarros, etc.)	ဘူး	bu:
caixa (~ de sapatos, etc.)	စက္ကူဘူး	se' ku bu:
caixote (~ de madeira)	သေတ္တာ	thi' ta
cesto (m)	တောင်း	taun:

VERBOS PRINCIPAIS

13. Os verbos mais importantes. Parte 1

abrir (vt)	ဖွင့်သည်	hpwin. de
acabar, terminar (vt)	ပြီးသည်	pji: de
aconselhar (vt)	အကြံပေးသည်	akjan bei: de
adivinhar (vt)	မှန်းဆသည်	hman za de
advertir (vt)	သတိပေးသည်	dhadi. pei: de
ajudar (vt)	ကူညီသည်	ku nji de
almoçar (vi)	နေ့လယ်စာစားသည်	nei. le za za de
alugar (~ um apartamento)	ငှားသည်	hnga: de
amar (pessoa)	ချစ်သည်	chi' te
ameaçar (vt)	ခြိမ်းခြောက်သည်	chein: gjau' te
anotar (escrever)	ရေးထားသည်	jei: da: de
apressar-se (vr)	လောသည်	lo de
arrepender-se (vr)	နောင်တရသည်	naun da. ja. de
assinar (vt)	လက်မှတ်ထိုးသည်	le' hma' htou: de
brincar (vi)	စနောက်သည်	sanau' te
brincar, jogar (vi, vt)	ကစားသည်	gaza: de
buscar (vt)	ရှာသည်	sha de
caçar (vi)	အမဲလိုက်သည်	ame: lai' de
cair (vi)	ကျဆင်းသည်	kja zin: de
cavar (vt)	တူးသည်	tu: de
chamar (~ por socorro)	ခေါ်သည်	kho de
chegar (vi)	ရောက်သည်	jau' te
chorar (vi)	ငိုသည်	ngou de
começar (vt)	စတင်သည်	sa. tin de
comparar (vt)	နှိုင်းယှဉ်သည်	hnain: shin de
concordar (dizer "sim")	သဘောတူသည်	dhabo: tu de
confiar (vt)	ယုံကြည်သည်	joun kji de
confundir (equivocar-se)	ရောထွေးသည်	jo: dwei: de
conhecer (vt)	သိသည်	thi. de
contar (fazer contas)	ရေတွက်သည်	jei dwe' te
contar com ...	အားကိုးသည်	a: kou: de
continuar (vt)	ဆက်လုပ်သည်	hse' lou' te
controlar (vt)	ထိန်းချုပ်သည်	htein: gjou' te
convidar (vt)	ဖိတ်သည်	hpi' de
correr (vi)	ပြေးသည်	pjei: de
criar (vt)	ဖန်တီးသည်	hpan di: de
custar (vt)	ကုန်ကျသည်	koun kja de

14. Os verbos mais importantes. Parte 2

dar (vt)	ပေးသည်	pei: de
dar uma dica	အရိပ်အခြြက်ပေးသည်	aji' ajmwe' pei: de
decorar (enfeitar)	အလှဆင်သည်	ahla. zin dhe
defender (vt)	ကာကွယ်သည်	ka gwe de
deixar cair (vt)	ပြုတ်ကျသည်	hpjou' cha. de
descer (para baixo)	ဆင်းသည်	hsin: de
desculpar (vt)	ခွင့်လွှတ်သည်	khwin. hlu' te
desculpar-se (vr)	တောင်းပန်သည်	thaun: ban de
dirigir (~ uma empresa)	ညွှန်ကြားသည်	hnjun gja: de
discutir (notícias, etc.)	ဆွေးနွေးသည်	hswe: nwe: de
disparar, atirar (vi)	ပစ်သည်	pi' te
dizer (vt)	ပြောသည်	pjo: de
duvidar (vt)	သံသယဖြစ်သည်	than thaja. bji' te
encontrar (achar)	ရှာတွေ့သည်	sha dwei. de
enganar (vt)	လိမ်ပြောသည်	lain bjo: de
entender (vt)	နားလည်သည်	na: le de
entrar (na sala, etc.)	ဝင်သည်	win de
enviar (uma carta)	ပို့သည်	pou. de
errar (enganar-se)	မှားသည်	hma: de
escolher (vt)	ရွေးသည်	jwei: de
esconder (vt)	ဖုံးကွယ်သည်	hpoun: gwe de
escrever (vt)	ရေးသည်	jei: de
esperar (aguardar)	စောင့်သည်	saun. de
esperar (ter esperança)	မျှော်လင့်သည်	hmjo. lin. de
esquecer (vt)	မေ့သည်	mei. de
estar (vi)	ဖြစ်နေသည်	hpji' nei de
estudar (vt)	သင်ယူလေ့လာသည်	thin ju lei. la de
exigir (vt)	တိုက်တွန်းသည်	tai' tun: de
existir (vi)	တည်ရှိသည်	ti shi. de
explicar (vt)	ရှင်းပြသည်	shin: bja. de
falar (vi)	ပြောသည်	pjo: de
faltar (a la escuela, etc.)	ပျက်ကွက်သည်	pje' kwe' te
fazer (vt)	ပြုလုပ်သည်	pju. lou' te
ficar em silêncio	နှုတ်ဆိတ်သည်	hnou' hsei' te
gabar-se (vr)	ကြွားသည်	kjwa: de
gostar (apreciar)	ကြိုက်သည်	kjai' de
gritar (vi)	အော်သည်	o de
guardar (fotos, etc.)	ထိန်းထားသည်	htein: da: de
informar (vt)	အကြောင်းကြားသည်	akjaun: kja: de
insistir (vi)	တိုက်တွန်းပြောဆိုသည်	tou' tun: bjo: zou de
insultar (vt)	စော်ကားသည်	so ga: de
interessar-se (vr)	စိတ်ဝင်စားသည်	sei' win za: de
ir (a pé)	သွားသည်	thwa: de
ir nadar	ရေကူးသည်	jei ku: de
jantar (vi)	ညစာစားသည်	nja. za za: de

15. Os verbos mais importantes. Parte 3

Português	Birmanês	Transliteração
ler (vt)	ဖတ်သည်	hpa' te
libertar, liberar (vt)	လွတ်မြောက်စေသည်	lu' mjau' sei de
matar (vt)	သတ်သည်	tha' te
mencionar (vt)	ဖော်ပြသည်	hpjo bja. de
mostrar (vt)	ပြသည်	pja. de
mudar (modificar)	ပြောင်းလဲသည်	pjaun: le: de
nadar (vi)	ရေကူးသည်	jei ku: de
negar-se a ... (vr)	ငြင်းဆန်သည်	njin: zan de
objetar (vt)	ငြင်းသည်	njin: de
observar (vt)	စောင့်ကြည့်သည်	saun. gji. de
ordenar (mil.)	အမိန့်ပေးသည်	amin. bei: de
ouvir (vt)	ကြားသည်	ka: de
pagar (vt)	ပေးရေသည်	pei: gjei de
parar (vi)	ရပ်သည်	ja' te
parar, cessar (vt)	ရပ်သည်	ja' te
participar (vi)	ပါဝင်သည်	pa win de
pedir (comida, etc.)	မှာသည်	hma de
pedir (um favor, etc.)	တောင်းဆိုသည်	taun: hsou: de
pegar (tomar)	ယူသည်	ju de
pegar (uma bola)	ဖမ်းသည်	hpan: de
pensar (vi, vt)	ထင်သည်	htin de
perceber (ver)	သတိထားမိသည်	dhadi. da: mi. de
perdoar (vt)	ခွင့်လွှတ်သည်	khwin. hlu' te
perguntar (vt)	မေးသည်	mei: de
permitir (vt)	ခွင့်ပြုသည်	khwin bju. de
pertencer a ... (vi)	ပိုင်ဆိုင်သည်	pain zain de
planejar (vt)	စီစဉ်သည်	si zin de
poder (~ fazer algo)	တတ်နိုင်သည်	ta' nain de
possuir (uma casa, etc.)	ပိုင်ဆိုင်သည်	pain zain de
preferir (vt)	ပိုကြိုက်သည်	pou gjai' te
preparar (vt)	ချက်ပြုတ်သည်	che' pjou' te
prever (vt)	ကြိုမြင်သည်	kjou mjin de
prometer (vt)	ကတိပေးသည်	gadi pei: de
pronunciar (vt)	အသံထွက်သည်	athan dwe' te
propor (vt)	အဆိုပြုသည်	ahsou bju. de
punir (castigar)	အပြစ်ပေးသည်	apja' pei: de
quebrar (vt)	ချိုးဖျက်သည်	hpje' hsi: de
queixar-se de ...	တိုင်ပြောသည်	tain bjo: de
querer (desejar)	လိုချင်သည်	lou gjin de

16. Os verbos mais importantes. Parte 4

Português	Birmanês	Transliteração
ralhar, repreender (vt)	ဆူသည်	hsu. de
recomendar (vt)	အကြံပြုထောက်ခံသည်	akjan pju htau' khan de

repetir (dizer outra vez)	ထပ်လုပ်သည်	hta' lou' te
reservar (~ um quarto)	မှာသည်	hma de
responder (vt)	ဖြေသည်	hpjei de |//
rezar, orar (vi)	ရှိခိုးသည်	shi. gou: de
rir (vi)	ရယ်သည်	je de
roubar (vt)	ခိုးသည်	khou: de
saber (vt)	သိသည်	thi. de
sair (~ de casa)	ထွက်သည်	htwe' te
salvar (resgatar)	ကယ်ဆယ်သည်	ke ze de
seguir (~ alguém)	လိုက်သည်	lai' te
sentar-se (vr)	ထိုင်သည်	htain de
ser (vi)	ဖြစ်သည်	hpji' te
ser necessário	အလိုရှိသည်	alou' shi. de
significar (vt)	ဆိုလိုသည်	hsou lou de
sorrir (vi)	ပြုံးသည်	pjoun: de
subestimar (vt)	လျော့တွက်သည်	sho. dwe' de
surpreender-se (vr)	အံ့သြသည်	an. o. de
tentar (~ fazer)	စမ်းကြည့်သည်	san: kji. de
ter (vt)	ရှိသည်	shi. de
ter fome	ဗိုက်ဆာသည်	bai' hsa de
ter medo	ကြောက်သည်	kjau' te
ter sede	ရေဆာသည်	jei za de
tocar (com as mãos)	ကိုင်သည်	kain de
tomar café da manhã	နံနက်စာစားသည်	nan ne' za za: de
trabalhar (vi)	အလုပ်လုပ်သည်	alou' lou' te
traduzir (vt)	ဘာသာပြန်သည်	ba dha bjan de
unir (vt)	ပေါင်းစည်းသည်	paun: ze: de
vender (vt)	ရောင်းသည်	jaun: de
ver (vt)	မြင်သည်	mjin de
virar (~ para a direita)	ကွေ့သည်	kwei. de
voar (vi)	ပျံသန်းသည်	pjan dan: de

TEMPO. CALENDÁRIO

17. Dias da semana

segunda-feira (f)	တနင်္လာ	tanin: la
terça-feira (f)	အင်္ဂါ	in ga
quarta-feira (f)	ဗုဒ္ဓဟူး	bou' da. hu:
quinta-feira (f)	ကြာသပတေး	kja dha ba. dei:
sexta-feira (f)	သောကြာ	thau' kja
sábado (m)	စနေ	sanei
domingo (m)	တနင်္ဂနွေ	tanin: ganwei
hoje	ယနေ့	ja. nei.
amanhã	မနက်ဖြန်	mane' bjan
depois de amanhã	သဘက်ခါ	dhabe' kha
ontem	မနေ့က	ma. nei. ka.
anteontem	တနေ့က	ta. nei. ga.
dia (m)	နေ့	nei.
dia (m) de trabalho	ရုံးဖွင့်ရက်	joun: hpwin je'
feriado (m)	ပွဲတော်ရက်	pwe: do je'
dia (m) de folga	ရုံးပိတ်ရက်	joun: bei' je'
fim (m) de semana	ရုံးပိတ်ရက်များ	joun: hpwin je' mja:
o dia todo	တနေ့လုံး	ta. nei. loun:
no dia seguinte	နောက်နေ့	nau' nei.
há dois dias	လွန်ခဲ့သော နှစ်ရက်က	lun ge: de. hni' ja' ka.
na véspera	အကြိုနေ့မှာ	akjou nei. hma
diário (adj)	နေ့စဉ်	nei. zin
todos os dias	နေ့တိုင်း	nei dain:
semana (f)	ရက်သတ္တပတ်	je' tha' daba'
na semana passada	ပြီးခဲ့တဲ့အပတ်က	pji: ge. de. apa' ka.
semana que vem	လာမယ့်အပတ်မှာ	la. me. apa' hma
semanal (adj)	အပတ်စဉ်	apa' sin
toda semana	အပတ်စဉ်	apa' sin
duas vezes por semana	တစ်ပတ် နှစ်ကြိမ်	ti' pa' hni' kjein
toda terça-feira	အင်္ဂါနေ့တိုင်း	in ga nei. dain:

18. Horas. Dia e noite

manhã (f)	နံနက်ခင်း	nan ne' gin:
de manhã	နံနက်ခင်းမှာ	nan ne' gin: hma
meio-dia (m)	မွန်းတည့်	mun: de.
à tarde	နေ့လယ်စာစားပြီးနောက်	nei. le za za: gjein bji: nau'
tardinha (f)	ညနေခင်း	nja. nei gin:
à tardinha	ညနေခင်းမှာ	nja. nei gin: hma

noite (f)	ည	nja
à noite	ညမှာ	nja hma
meia-noite (f)	သန်းခေါင်ယံ	than: gaun jan

segundo (m)	စက္ကန့်	se' kan.
minuto (m)	မိနစ်	mi. ni'
hora (f)	နာရီ	na ji
meia hora (f)	နာရီဝက်	na ji we'
quarto (m) de hora	ဆယ့်ငါးမိနစ်	hse. nga: mi. ni'
quinze minutos	၁၅ မိနစ်	ta' hse. nga: mi ni'
vinte e quatro horas	နှစ်ဆယ့်လေးနာရီ	hni' hse lei: na ji

nascer (m) do sol	နေထွက်ချိန်	nei dwe' gjein
amanhecer (m)	အာရုဏ်ဦး	a joun u:
madrugada (f)	နံနက်စောစော	nan ne' so: zo:
pôr-do-sol (m)	နေဝင်ချိန်	nei win gjein

de madrugada	နံနက်အစောပိုင်း	nan ne' aso: bain:
esta manhã	ယနေ့နံနက်	ja. nei. nan ne'
amanhã de manhã	မနက်ဖြန်နံနက်	mane' bjan nan ne'

esta tarde	ယနေ့နေ့လယ်	ja. nei. nei. le
à tarde	နေ့လယ်စာစားပြီးနောက်	nei. le za za: gjein bji: nau'
amanhã à tarde	မနက်ဖြန်မွန်းလွဲပိုင်း	mane' bjan mun: lwe: bain:

esta noite, hoje à noite	ယနေ့ညနေ	ja. nei. nja. nei
amanhã à noite	မနက်ဖြန်ညနေ	mane' bjan nja. nei

às três horas em ponto	၃ နာရီတွင်	thoun: na ji dwin
por volta das quatro	၄ နာရီခန့်တွင်	lei: na ji khan dwin
às doze	၁၂ နာရီအရောက်	hse. hni' na ji ajau'

em vinte minutos	နောက် မိနစ် ၂၀ မှာ	nau' mi. ni' hni' se hma
em uma hora	နောက်တစ်နာရီမှာ	nau' ti' na ji hma
a tempo	အချိန်ကိုက်	achein kai'

... um quarto para	မတ်တင်း	ma' tin:
dentro de uma hora	တစ်နာရီအတွင်း	ti' na ji atwin:
a cada quinze minutos	၁၅ မိနစ်တိုင်း	ta' hse. nga: mi ni' htain:
as vinte e quatro horas	၂၄ နာရီလုံး	hna' hse. lei: na ji

19. Meses. Estações

janeiro (m)	ဇန်နဝါရီလ	zan na. wa ji la.
fevereiro (m)	ဖေဖော်ဝါရီလ	hpei bo wa ji la
março (m)	မတ်လ	ma' la,
abril (m)	ဧပြီလ	ei bji la.
maio (m)	မေလ	mei la.
junho (m)	ဇွန်လ	zun la.
julho (m)	ဇူလိုင်လ	zu lain la.
agosto (m)	ဩဂုတ်လ	o: gou' la.
setembro (m)	စက်တင်ဘာလ	sa' htin ba la.
outubro (m)	အောက်တိုဘာလ	au' tou ba la

novembro (m)	နိုဝင်ဘာလ	nou win ba la.
dezembro (m)	ဒီဇင်ဘာလ	di zin ba la.
primavera (f)	နွေဦးရာသီ	nwei: u: ja dhi
na primavera	နွေဦးရာသီမှာ	nwei: u: ja dhi hma
primaveril (adj)	နွေဦးရာသီနှင့်ဆိုင်သော	nwei: u: ja dhi hnin. zain de.
verão (m)	နွေရာသီ	nwei: ja dhi
no verão	နွေရာသီမှာ	nwei: ja dhi hma
de verão	နွေရာသီနှင့်ဆိုင်သော	nwei: ja dhi hnin. zain de.
outono (m)	ဆောင်းဦးရာသီ	hsaun: u: ja dhi
no outono	ဆောင်းဦးရာသီမှာ	hsaun: u: ja dhi hma
outonal (adj)	ဆောင်းဦးရာသီနှင့်ဆိုင်သော	hsaun: u: ja dhi hnin. zain de.
inverno (m)	ဆောင်းရာသီ	hsaun: ja dhi
no inverno	ဆောင်းရာသီမှာ	hsaun: ja dhi hma
de inverno	ဆောင်းရာသီနှင့်ဆိုင်သော	hsaun: ja dhi hnin. zain de.
mês (m)	လ	la.
este mês	ဒီလ	di la.
mês que vem	နောက်လ	nau' la
no mês passado	ယခင်လ	jakhin la.
um mês atrás	ပြီးခဲ့တဲ့တစ်လကျော်	pji: ge. de. di' la. gjo
em um mês	နောက်တစ်လကျော်	nau' ti' la. gjo
em dois meses	နောက်နှစ်လကျော်	nau' hni' la. gjo
todo o mês	တစ်လလုံး	ti' la. loun:
um mês inteiro	တစ်လလုံး	ti' la. loun:
mensal (adj)	လစဉ်	la. zin
mensalmente	လစဉ်	la. zin
todo mês	လတိုင်း	la. dain:
duas vezes por mês	တစ်လနှစ်ကြိမ်	ti' la. hni' kjein:
ano (m)	နှစ်	hni'
este ano	ဒီနှစ်မှာ	di hna' hma
ano que vem	နောက်နှစ်မှာ	nau' hni' hnma
no ano passado	ယခင်နှစ်မှာ	jakhin hni' hma
há um ano	ပြီးခဲ့တဲ့တစ်နှစ်ကျော်က	pji: ge. de. di' hni' kjo ga.
em um ano	နောက်တစ်နှစ်ကျော်	nau' ti' hni' gjo
dentro de dois anos	နောက်နှစ်နှစ်ကျော်	nau' hni' hni' gjo
todo o ano	တစ်နှစ်လုံး	ti' hni' loun:
um ano inteiro	တစ်နှစ်လုံး	ti' hni' loun:
cada ano	နှစ်တိုင်း	hni' tain:
anual (adj)	နှစ်စဉ်ဖြစ်သော	hni' san bji' te.
anualmente	နှစ်စဉ်	hni' san
quatro vezes por ano	တစ်နှစ်လေးကြိမ်	ti' hni' lei: gjein
data (~ de hoje)	နေ့စွဲ	nei. zwe:
data (ex. ~ de nascimento)	ရက်စွဲ	je' swe:
calendário (m)	ပြက္ခဒိန်	pje' gadein
meio ano	နှစ်ဝက်	hni' we'
seis meses	နှစ်ဝက်	hni' we'

estação (f)   ရာသီ   ja dhi
século (m)   ရာစု   jazu.

VIAGENS. HOTEL

20. Viagens

Português	Birmanês	Transliteração
turismo (m)	ခရီးသွားလုပ်ငန်း	khaji: thwa: lou' ngan:
turista (m)	ကမ္ဘာလှည့်ခရီးသည်	ga ba hli. kha. ji: de
viagem (f)	ခရီးထွက်ခြင်း	khaji: htwe' chin:
aventura (f)	စွန့်စားမှု	sun. za: hmu.
percurso (curta viagem)	ခရီး	khaji:
férias (f pl)	ခွင့်ရက်	khwin. je'
estar de férias	အခွင့်ယူသည်	akhwin. ju de
descanso (m)	အနားယူခြင်း	ana: ju gjin:
trem (m)	ရထား	jatha:
de trem (chegar ~)	ရထားနဲ့	jatha: ne.
avião (m)	လေယာဉ်	lei jan
de avião	လေယာဉ်နဲ့	lei jan ne.
de carro	ကားနဲ့	ka: ne.
de navio	သင်္ဘောနဲ့	thin: bo: ne.
bagagem (f)	ဝန်စည်စလည်	wun zi za. li
mala (f)	သားရေသေတ္တာ	tha: jei dhi' ta
carrinho (m)	ပစ္စည်းတင်ရန်တွန်းလှည်း	pji' si: din jan dun: hle:
passaporte (m)	နိုင်ငံကူးလက်မှတ်	nain ngan gu: le' hma'
visto (m)	ဗီဇာ	bi za
passagem (f)	လက်မှတ်	le' hma'
passagem (f) aérea	လေယာဉ်လက်မှတ်	lei jan le' hma'
guia (m) de viagem	လမ်းညွှန်စာအုပ်	lan: hnjun za ou'
mapa (m)	မြေပုံ	mjei boun
área (f)	ဒေသ	dei dha.
lugar (m)	နေရာ	nei ja
exotismo (m)	အထူးအဆန်းပစ္စည်း	a htu: a hsan: bji' si:
exótico (adj)	အထူးအဆန်းဖြစ်သော	a htu: a hsan: hpja' te.
surpreendente (adj)	အံ့ဩစရာကောင်းသော	an. o: sa ja kaun de.
grupo (m)	အုပ်စု	ou' zu.
excursão (f)	လေ့လာရေးခရီး	lei. la jei: gaji:
guia (m)	လမ်းညွှန်	lan: hnjun

21. Hotel

Português	Birmanês	Transliteração
hotel (m)	ဟိုတယ်	hou te
motel (m)	မိုတယ်	mou te
três estrelas	ကြယ် ၃ ပွင့်အဆင့်	kje thoun: pwin. ahsin.

Português	Birmanês	Pronúncia
cinco estrelas	ကြယ် ၅ ပွင့်အဆင့်	kje nga: pwin. ahsin.
ficar (vi, vt)	တည်းခိုသည်	te: khou de
quarto (m)	အခန်း	akhan:
quarto (m) individual	တစ်ယောက်ခန်း	ti' jau' khan:
quarto (m) duplo	နှစ်ယောက်ခန်း	hni' jau' khan:
reservar um quarto	ကြိုတင်မှာယူသည်	kjou tin hma ju de
meia pensão (f)	ကြိုတင်တစ်ဝက်ငွေရှေခြင်း	kjou tin di' we' ngwe gjei gjin:
pensão (f) completa	ငွေအပြည့်ကြို တင်ပေးရှေခြင်း	ngwei apjei. kjou din bei: chei chin:
com banheira	ရေချိုးခန်းနှင့်	jei gjou gan: hnin.
com chuveiro	ရေပန်းနှင့်	jei ban: hnin.
televisão (m) por satélite	ဂြိုဟ်တုရုပ်မြင်သံကြား	gjou' htu. jou' mjin dhan gja:
ar (m) condicionado	လေအေးပေးစက်	lei ei: bei: ze'
toalha (f)	တဘက်	tabe'
chave (f)	သော့	tho.
administrador (m)	အုပ်ချုပ်ရေးမှူး	ou' chu' jei: hmu:
camareira (f)	သန့်ရှင်းရေးဝန်ထမ်း	than. shin: jei: wun dan:
bagageiro (m)	အထမ်းသမား	a htan: dha. ma:
porteiro (m)	တံခါးဝမှ စောင့်ကြို	daga: wa. hma. e. kjou
restaurante (m)	စားသောက်ဆိုင်	sa: thau' hsain
bar (m)	ဘား	ba:
café (m) da manhã	နံနက်စာ	nan ne' za
jantar (m)	ညစာ	nja. za
bufê (m)	ဘူဖေး	bu hpei:
saguão (m)	နားနေခန်း	hna jaun gan:
elevador (m)	ဓာတ်လှေကား	da' hlei ga:
NÃO PERTURBE	မနှောင့်ယှက်ရ	ma. hnaun hje' ja.
PROIBIDO FUMAR!	ဆေးလိပ်မသောက်ရ	hsei: lei' ma. dhau' ja.

22. Turismo

Português	Birmanês	Pronúncia
monumento (m)	ရုပ်တု	jou' tu.
fortaleza (f)	ခံတပ်ကြီး	khwan da' kji:
palácio (m)	နန်းတော်	nan do
castelo (m)	ရဲတိုက်	je: dai'
torre (f)	မျှော်စင်	hmjo zin
mausoléu (m)	ဂူဗိမာန်	gu bi. man
arquitetura (f)	ဗိသုကာပညာ	bi. thu. ka pjin nja
medieval (adj)	အလယ်ခေတ်နှင့်ဆိုင်သော	ale khei' hnin. zain de.
antigo (adj)	ရေးကျသော	shei: gja. de
nacional (adj)	အမျိုးသားနှင့်ဆိုင်သော	amjou: dha: hnin. zain de.
famoso, conhecido (adj)	နာမည်ကြီးသော	na me gji: de.
turista (m)	ကမ္ဘာလှည့်ခရီးသည်	ga ba hli. kha. ji: de
guia (pessoa)	လမ်းညွှန်	lan: hnjun
excursão (f)	လေ့လာရေးခရီး	lei. la jei: gaji:

mostrar (vt)	ပြသည်	pja. de
contar (vt)	ပြောပြသည်	pjo: bja. de
encontrar (vt)	ရှာတွေ့သည်	sha dwei. de
perder-se (vr)	ပျောက်သည်	pjau' te
mapa (~ do metrô)	မြေပုံ	mjei boun
mapa (~ da cidade)	မြေပုံ	mjei boun
lembrança (f), presente (m)	အမှတ်တရလက်ဆောင်ပစ္စည်း	ahma' ta ra le' hsaun pji' si:
loja (f) de presentes	လက်ဆောင်ပစ္စည်းဆိုင်	le' hsaun pji' si: zain
tirar fotos, fotografar	ဓာတ်ပုံရိုက်သည်	da' poun jai' te
fotografar-se (vr)	ဓာတ်ပုံရိုက်သည်	da' poun jai' te

TRANSPORTES

23. Aeroporto

aeroporto (m)	လေဆိပ်	lei zi'
avião (m)	လေယာဉ်	lei jan
companhia (f) aérea	လေကြောင်း	lei gjaun;
controlador (m) de tráfego aéreo	လေကြောင်းထိန်း	lei kjaun: din:

partida (f)	ထွက်ခွာရာ	htwe' khwa ja
chegada (f)	ဆိုက်ရောက်ရာ	hseu' jau' ja
chegar (vi)	ဆိုက်ရောက်သည်	hsai' jau' te

hora (f) de partida	ထွက်ခွာချိန်	htwe' khwa gjein
hora (f) de chegada	ဆိုက်ရောက်ချိန်	hseu' jau' chein

estar atrasado	နောက်ကျသည်	nau' kja. de
atraso (m) de voo	လေယာဉ်နောက်ကျခြင်း	lei jan nau' kja. chin:

painel (m) de informação	လေယာဉ်ဆရီးစဉ်ပြဘုတ်	lei jan ga. ji: zi bja. bou'
informação (f)	သတင်းအချက်အလက်	dhadin: akje' ale'
anunciar (vt)	ကြေငြာသည်	kjei nja de
voo (m)	ပျံသန်းမှု	pjan dan: hmu.

alfândega (f)	အကောက်ဆိပ်	akau' hsein
funcionário (m) da alfândega	အကောက်ခွန်အရာရှိ	akau' khun aja shi.

declaração (f) alfandegária	အကောက်ခွန်ကြေငြာချက်	akau' khun gjei nja gje'
preencher (vt)	လျှောက်လွှာဖြည့်သည်	shau' hlwa bji. de
preencher a declaração	သယ်ယူပစ္စည်းစာရင်းကြေညာသည်	the ju pji' si: zajin: kjei nja de
controle (m) de passaporte	ပတ်စပို့ထိန်းချုပ်မှု	pa's pou. htein: gju' hmu.

bagagem (f)	ဝန်စည်စလယ်	wun zi za. li
bagagem (f) de mão	လက်ဆွဲပစ္စည်း	le' swe: pji' si:
carrinho (m)	ပစ္စည်းတင်သည့်လှည်း	pji' si: din dhe. hle:

pouso (m)	ဆင်းသက်ခြင်း	hsin: dha' chin:
pista (f) de pouso	အဆင်းလမ်း	ahsin: lan:
aterrissar (vi)	ဆင်းသက်သည်	hsin: dha' te
escada (f) de avião	လေယာဉ်လှေကား	lei jan hlei ka:

check-in (m)	စာရင်းသွင်းခြင်း	sajin: dhwin: gjin:
balcão (m) do check-in	စာရင်းသွင်းကောင်တာ	sajin: gaun da
fazer o check-in	စာရင်းသွင်းသည်	sajin: dhwin: de
cartão (m) de embarque	လေယာဉ်ပေါ်တက်ခွင့်လက်မှတ်	lei jan bo de' khwin. le' hma'
portão (m) de embarque	လေယာဉ်ထွက်ခွာရာဂိတ်	lei jan dwe' khwa ja gei'
trânsito (m)	အကူးအပြောင်း	aku: apjaun:
esperar (vi, vt)	စောင့်သည်	saun. de

sala (f) de espera	ထွက်ရှာရာခန်းမ	htwe' kha ja gan: ma.
despedir-se (acompanhar)	လိုက်ပို့သည်	lai' bou. de
despedir-se (dizer adeus)	နှုတ်ဆက်သည်	hnou' hsei' te

24. Avião

avião (m)	လေယာဉ်	lei jan
passagem (f) aérea	လေယာဉ်လက်မှတ်	lei jan le' hma'
companhia (f) aérea	လေကြောင်း	lei gjaun:
aeroporto (m)	လေဆိပ်	lei zi'
supersônico (adj)	အသံထက်မြန်သော	athan de' mjan de.
comandante (m) do avião	လေယာဉ်မှူး	lei jan hmu:
tripulação (f)	လေယာဉ်အမှုထမ်းအဖွဲ့	lei jan ahmu. dan: ahpwe.
piloto (m)	လေယာဉ်မောင်းသူ	lei jan maun dhu
aeromoça (f)	လေယာဉ်မယ်	lei jan me
copiloto (m)	လေကြောင်းပြ	lei gjaun: bja.
asas (f pl)	လေယာဉ်တောင်ပံ	lei jan daun ban
cauda (f)	လေယာဉ်အမြီး	lei jan amji:
cabine (f)	လေယာဉ်မောင်းအခန်း	lei jan maun akhan:
motor (m)	အင်ဂျင်	in gjin
trem (m) de pouso	အောက်ခံဘောင်	au' khan baun
turbina (f)	တာဘိုင်	ta bain
hélice (f)	ပန်ကာ	pan ga
caixa-preta (f)	ဘလက်သောက်	ba. le' bo'
coluna (f) de controle	ပွဲကိုင်ဘီး	pe. gain bi:
combustível (m)	လောင်စာ	laun za
instruções (f pl) de segurança	အရေးပေါ် လုံခြုံရေး ညွှန်ကြားစာ	ajei: po' choun loun jei: hnjun gja: za
máscara (f) de oxigênio	အောက်ဆီဂျင်မျက်နှာဖုံး	au' hsi gjin mje' hna hpoun:
uniforme (m)	ယူနီဖောင်း	ju ni hpaun:
colete (m) salva-vidas	အသက်ကယ်အင်္ကျီ	athe' kai in: gji
paraquedas (m)	လေထီး	lei di:
decolagem (f)	ထွက်ခွာခြင်း	htwe' khwa gjin:
descolar (vi)	ပျံတက်သည်	pjan de' te
pista (f) de decolagem	လေယာဉ်ပြေးလမ်း	lei jan bei: lan:
visibilidade (f)	မြင်ကွင်း	mjin gwin:
voo (m)	ပျံသန်းခြင်း	pjan dan: gjin:
altura (f)	အမြင့်	amjin.
poço (m) de ar	လေမငြိမ်အရပ်	lei ma ngjin aja'
assento (m)	ထိုင်ခုံ	htain goun
fone (m) de ouvido	နားကြပ်	na: kja'
mesa (f) retrátil	ခေါက်စားပွဲ	khau' sa: bwe:
janela (f)	လေယာဉ်ပြတင်းပေါက်	lei jan bja. din: bau'
corredor (m)	မင်းလမ်း	min: lan:

25. Comboio

trem (m)	ရထား	jatha:
trem (m) elétrico	လျှပ်စစ်ဓာတ်အားသုံးရထား	hlja' si' da' a: dhou: ja da:
trem (m)	အမြန်ရထား	aman ja. hta:
locomotiva (f) diesel	ဒီဇယ်ရထား	di ze ja da:
locomotiva (f) a vapor	ရေနွေးငွေ့စက်ခေါင်း	jei nwei: ngwei. ze' khaun:
vagão (f) de passageiros	အတွဲ	atwe:
vagão-restaurante (m)	စားသောက်တွဲ	sa: thau' thwe:
carris (m pl)	ရထားသံလမ်း	jatha dhan lan:
estrada (f) de ferro	ရထားလမ်း	jatha: lan:
travessa (f)	ဇလီဖားတုံး	zali ba: doun
plataforma (f)	စင်ကြမ်း	sin gjan
linha (f)	ရထားစင်ကြမ်း	jatha zin gjan
semáforo (m)	မီးပွိုင့်	mi: bwain.
estação (f)	ဘူတာရုံ	bu da joun
maquinista (m)	ရထားမောင်းသူ	jatha: maun: dhu
bagageiro (m)	အထမ်းသမား	a htan: dha. ma:
hospedeiro, -a (m, f)	အစောင့်	asaun.
passageiro (m)	ခရီးသည်	khaji: de
revisor (m)	လက်မှတ်စစ်ဆေးသူ	le' hma' ti' hsei: dhu:
corredor (m)	ကော်ရစ်ဒါ	ko ji' ta
freio (m) de emergência	အရေးပေါ်ဘရိတ်	ajei: po' ba ji'
compartimento (m)	အခန်း	akhan:
cama (f)	အိပ်ခင်	ei' zin
cama (f) de cima	အပေါ်ထပ်အိပ်ခင်	apo htap ei' sin
cama (f) de baixo	အောက်ထပ်အိပ်ခင်	au' hta' ei' sin
roupa (f) de cama	အိပ်ရာခင်း	ei' ja khin:
passagem (f)	လက်မှတ်	le' hma'
horário (m)	အချိန်ဇယား	achein zaja:
painel (m) de informação	အချက်အလက်ပြနေရာ	ache' ale' pja. nei ja
partir (vt)	ထွက်ရှိသည်	htwe' khwa de
partida (f)	အထွက်	a htwe'
chegar (vi)	ဆိုက်ရောက်သည်	hseu' jau' de
chegada (f)	ဆိုက်ရောက်ရာ	hseu' jau' ja
chegar de trem	မီးရထားဖြင့်ရောက်ရှိသည်	mi: ja. da: bjin. jau' shi. de
pegar o trem	မီးရထားစီးသည်	mi: ja. da: zi: de
descer de trem	မီးရထားမှဆင်းသည်	mi: ja. da: hma. zin: de
acidente (m) ferroviário	ရထားတိုက်ခြင်း	jatha: dai' chin:
descarrilar (vi)	ရထားလမ်းချော်သည်	jatha: lan: gjo de
locomotiva (f) a vapor	ရေနွေးငွေ့စက်ခေါင်း	jei nwei: ngwei. ze' khaun:
foguista (m)	မီးထိုးသမား	mi: dou: dhama:
fornalha (f)	မီးဖို	mi: bou
carvão (m)	ကျောက်မီးသွေး	kjau' mi dhwei:

26. Barco

navio (m)	သင်္ဘော	thin: bo:
embarcação (f)	ရေယာဉ်	jei jan
barco (m) a vapor	မီးသင်္ဘော	mi: dha. bo:
barco (m) fluvial	အပျော်စီးမော်တော်ဘုတ်ငယ်	apjo zi: mo do bou' nge
transatlântico (m)	ပင်လယ်အပျော်စီးသင်္ဘော	pin le apjo zi: dhin: bo:
cruzeiro (m)	လေယာဉ်တင်သင်္ဘော	lei jan din
iate (m)	အပျော်စီးရွက်လှေ	apjo zi: jwe' hlei
rebocador (m)	ဆွဲသင်္ဘော	hswe: thin: bo:
barcaça (f)	ဖောင်	hpaun
ferry (m)	ကူးတို့သင်္ဘော	gadou. thin: bo:
veleiro (m)	ရွက်သင်္ဘော	jwe' thin: bo:
bergantim (m)	ရွက်လှေ	jwe' hlei
quebra-gelo (m)	ရေခဲပြင်ခွဲသင်္ဘော	jei ge: bjin gwe: dhin: bo:
submarino (m)	ရေငုပ်သင်္ဘော	jei ngou' thin: bo:
bote, barco (m)	လှေ	hlei
baleeira (bote salva-vidas)	ဂျော်ဘာလှေ	jo ba hlei
bote (m) salva-vidas	အသက်ကယ်လှေ	athe' kai hlei
lancha (f)	မော်တော်ဘုတ်	mo to bou'
capitão (m)	ရေယာဉ်မှူး	jei jan hmu:
marinheiro (m)	သင်္ဘောသား	thin: bo: dha:
marujo (m)	သင်္ဘောသား	thin: bo: dha:
tripulação (f)	သင်္ဘောအမှုထမ်းအဖွဲ့	thin: bo: ahmu. htan: ahpwe.
contramestre (m)	ရေတပ်အရာရှိငယ်	jei da' aja shi. nge
grumete (m)	သင်္ဘောသားကလေး	thin: bo: dha: galei:
cozinheiro (m) de bordo	ထမင်းချက်	htamin: gje'
médico (m) de bordo	သင်္ဘောဆရာဝန်	thin: bo: zaja wun
convés (m)	သင်္ဘောကုန်းပတ်	thin: bo: koun: ba'
mastro (m)	ရွက်တိုင်	jwe' tai'
vela (f)	ရွက်	jwe'
porão (m)	ဝမ်းတွင်း	wan: twin:
proa (f)	ဦးပိုင်း	u: zun:
popa (f)	ပဲ့ပိုင်း	pe. bain:
remo (m)	လှော်တက်	hlo de'
hélice (f)	သင်္ဘောပန်ကာ	thin: bo: ban ga
cabine (m)	သင်္ဘောပေါ်မှအခန်း	thin: bo: bo hma. aksan:
sala (f) dos oficiais	အရာရှိများရှိဝင်သာ	aja shi. mja: jin dha
sala (f) das máquinas	စက်ခန်း	se' khan:
ponte (m) de comando	ကွပ်ကဲခန်း	ku' ke: khan:
sala (f) de comunicações	ရေဒီယိုခန်း	rei di jou gan:
onda (f)	လှိုင်း	hlain:
diário (m) de bordo	မှတ်တမ်းစာအုပ်	hma' tan: za ou'
luneta (f)	အဝေးကြည့်မှန်ပြောင်း	awei: gji. hman bjaun:
sino (m)	ခေါင်းလောင်း	gaun: laun:

bandeira (f)	အလံ	alan
cabo (m)	သင်္ဘောသုံးလွန်ကြိုး	thin: bo: dhaun: lun gjou:
nó (m)	ကြိုးထုံး	kjou: htoun:

corrimão (m)	လက်ရန်း	le' jan
prancha (f) de embarque	သင်္ဘောကုန်းပေါင်	thin: bo: koun: baun

âncora (f)	ကျောက်ဆူး	kjau' hsu:
recolher a âncora	ကျောက်ဆူးနုတ်သည်	kjau' hsu: nou' te
jogar a âncora	ကျောက်ချသည်	kjau' cha. de
amarra (corrente de âncora)	ကျောက်ဆူးကြိုး	kjau' hsu: kjou:

porto (m)	ဆိပ်ကမ်း	hsi' kan:
cais, amarradouro (m)	သင်္ဘောဆိပ်	thin: bo: zei'
atracar (vi)	ဆိုက်ကပ်သည်	hseu' ka' de
desatracar (vi)	ခွန့်ပစ်သည်	sun. bi' de

viagem (f)	ခရီးထွက်ခြင်း	khaji: htwe' chin:
cruzeiro (m)	အပျော်ခရီး	apjo gaji:
rumo (m)	ဦးတည်ရာ	u: ti ja
itinerário (m)	လမ်းကြောင်း	lan: gjaun:

canal (m) de navegação	သင်္ဘောရေကြောင်း	thin: bo: jei gjaun:
banco (m) de areia	ရေတိမ်ပိုင်း	jei dein bain:
encalhar (vt)	ကမ်းကပ်သည်	kan ka' te

tempestade (f)	မုန်တိုင်း	moun dain:
sinal (m)	အချက်ပြ	ache' pja.
afundar-se (vr)	နစ်မြုပ်သည်	ni' mjou' te
Homem ao mar!	လူရေထဲကျ	lu jei de: gja
SOS	အက်စ်အိုအက်စ်	e's o e's
boia (f) salva-vidas	အသက်ကယ်ဘော	athe' kai bo

CIDADE

27. Transportes urbanos

Português	Birmanês	Transliteração
ônibus (m)	ဘတ်စ်ကား	ba's ka:
bonde (m) elétrico	ဓာတ်ရထား	da' ja hta:
trólebus (m)	ဓာတ်ကား	da' ka:
rota (f), itinerário (m)	လမ်းကြောင်း	lan: gjaun:
número (m)	ကားနံပါတ်	ka: nan ba'

ir de … (carro, etc.) ယဉ်စီးသည် jin zi: de
entrar no … ထိုင်သည် htain de
descer do … ကားပေါ်မှဆင်းသည် ka: bo hma. zin: de

parada (f) မှတ်တိုင် hma' tain
próxima parada (f) နောက်မှတ်တိုင် nau' hma' tain
terminal (m) အဆုံးမှတ်တိုင် ahsoun: hma' tain
horário (m) အချိန်ဇယား achein zaja:
esperar (vt) စောင့်သည် saun. de

passagem (f) လက်မှတ် le' hma'
tarifa (f) ယာဉ်စီးခ jin zi: ga.

bilheteiro (m) ငွေကိုင် ngwei gain
controle (m) de passagens လက်မှတ်စစ်ဆေးခြင်း le' hma' ti' hsei: chin
revisor (m) လက်မှတ်စစ်ဆေးသူ le' hma' ti' hsei: dhu:

atrasar-se (vr) နောက်ကျသည် nau' kja. de
perder (o autocarro, etc.) ကားနောက်ကျသည် ka: nau' kja de
estar com pressa အမြန်လုပ်သည် aman lou' de

táxi (m) တက္ကစီ te' kasi
taxista (m) တက္ကစီမောင်းသူ te' kasi maun: dhu
de táxi (ir ~) တက္ကစီဖြင့် te' kasi hpjin.
ponto (m) de táxis တက္ကစီဇုန် te' kasi zu. ja'
chamar um táxi တက္ကစီခေါ်သည် te' kasi go de
pegar um táxi တက္ကစီငှား:သည် te' kasi hnga: de

tráfego (m) ယာဉ်အသွားအလာ jin athwa: ala
engarrafamento (m) ယာဉ်ကြောပိတ်ဆို့မှု jin gjo: bei' hsou. hmu.
horas (f pl) de pico အလုပ်ဆင်းချိန် alou' hsin: gjain
estacionar (vi) ယာဉ်ရပ်နားရန်နေရာယူသည် jin ja' na: jan nei ja ju de
estacionar (vt) ကားအားပါကင်ထိုးသည် ka: a: pa kin dou: de
parque (m) de estacionamento ပါကင် pa gin

metrô (m) မြေအောက်ဥမင်လမ်း mjei au' u. min lan:
estação (f) ဘူတာရုံ bu da joun
ir de metrô မြေအောက်ရထားဖြင့်သွားသည် mjei au' ja. da: bjin. dhwa: de
trem (m) ရထား jatha:
estação (f) de trem ရထားဘူတာရုံ jatha: buda joun

28. Cidade. Vida na cidade

cidade (f)	မြို့	mjou.
capital (f)	မြို့တော်	mjou. do
aldeia (f)	ရွာ	jwa
mapa (m) da cidade	မြို့လမ်းညွှန်မြေပုံ	mjou. lan hnjun mjei boun
centro (m) da cidade	မြို့လယ်ခေါင်	mjou. le gaun
subúrbio (m)	ဆင်ခြေဖုံးအရပ်	hsin gjei aja'
suburbano (adj)	ဆင်ခြေဖုံးအရပ်ဖြစ်သော	hsin gjei hpoun aja' hpa' te.
periferia (f)	မြို့စွန်	mjou. zun
arredores (m pl)	ပတ်ဝန်းကျင်	pa' wun: gjin:
quarteirão (m)	စည်းကားရာမြို့လယ်နေရာ	si: ga: ja mjou. le nei ja
quarteirão (m) residencial	လူနေရပ်ကွက်	lu nei ja' kwe'
tráfego (m)	ယာဉ်အသွားအလာ	jin athwa: ala
semáforo (m)	မီးပွိုင့်	mi: bwain.
transporte (m) público	ပြည်သူပိုင်ခရီးသွားပို့ဆောင်ရေး	pji dhu bain gaji: dhwa: bou. zaun jei:
cruzamento (m)	လမ်းဆုံ	lan: zoun
faixa (f)	လူကူးမျဉ်းကြား	lu gu: mji: gja:
túnel (m) subterrâneo	မြေအောက်လမ်းကူး	mjei au' lan: gu:
cruzar, atravessar (vt)	လမ်းကူးသည်	lan: gu: de
pedestre (m)	လမ်းသွားလမ်းလာ	lan: dhwa: lan: la
calçada (f)	လူသွားလမ်း	lu dhwa: lan:
ponte (f)	တံတား	dada:
margem (f) do rio	ကမ်းနားတစ်ဖက်	kan: na: da. man
fonte (f)	ရေပန်း	jei ban:
alameda (f)	ရိပ်သာလမ်း	jei' tha lan:
parque (m)	ပန်းခြံ	pan: gjan
bulevar (m)	လမ်းငယ်	lan: ge
praça (f)	ရင်ပြင်	jin bjin
avenida (f)	လမ်းမကြီး	lan: mi. gji:
rua (f)	လမ်း	lan:
travessa (f)	လမ်းသွယ်	lan: dhwe
beco (m) sem saída	လမ်းဆုံး	lan: zoun:
casa (f)	အိမ်	ein
edifício, prédio (m)	အဆောက်အဦ	ahsau' au
arranha-céu (m)	မိုးမျှော်တိုက်	mou: hmjo tou'
fachada (f)	အိမ်ရှေ့နံရံ	ein shei. nan jan
telhado (m)	အမိုး	amou:
janela (f)	ပြတင်းပေါက်	badin: pau'
arco (m)	မုခ်ဝ	mou' wa.
coluna (f)	တိုင်	tain
esquina (f)	ထောင့်	htaun.
vitrine (f)	ဆိုင်ရှေ့ပစ္စည်းအခင်းအကျင်း	hseun shei. bji' si: akhin: akjin:
letreiro (m)	ဆိုင်းဘုတ်	hsain: bou'

cartaz (do filme, etc.)	ပိုစတာ	pou sata
cartaz (m) publicitário	ကြော်ငြာပိုစတာ	kjo nja bou sata
painel (m) publicitário	ကြော်ငြာဆိုင်းဘုတ်	kjo nja zain: bou'
lixo (m)	အမှိုက်	ahmai'
lata (f) de lixo	အမှိုက်ပုံး	ahmai' poun:
jogar lixo na rua	လွှင့်ပစ်သည်	hlwin. bi' te
aterro (m) sanitário	အမှိုက်ပုံ	ahmai' poun
orelhão (m)	တယ်လီဖုန်းဆက်ရန်နေရာ	te li hpoun: ze' jan nei ja
poste (m) de luz	လမ်းမီး	lan: mi:
banco (m)	ခုံတန်းရှည်	khoun dan: shei
polícia (f)	ရဲ	je:
polícia (instituição)	ရဲ	je:
mendigo, pedinte (m)	သူတောင်းစား	thu daun: za:
desabrigado (m)	အိမ်ယာမဲ့	ein ja me.

29. Instituições urbanas

loja (f)	ဆိုင်	hsain
drogaria (f)	ဆေးဆိုင်	hsei: zain
ótica (f)	မျက်မှန်ဆိုင်	mje' hman zain
centro (m) comercial	ဈေးဝင်စင်တာ	zei: wun zin da
supermercado (m)	ကုန်တိုက်ကြီး	koun dou' kji:
padaria (f)	မုန့်တိုက်	moun. dai'
padeiro (m)	ပေါင်မုန့်ဖုတ်သူ	paun moun. bou' dhu
pastelaria (f)	မုန့်ဆိုင်	moun. zain
mercearia (f)	ကုန်စုံဆိုင်	koun zoun zain
açougue (m)	အသားဆိုင်	atha: ain
fruteira (f)	ဟင်းသီးဟင်းရွက်ဆိုင်	hin: dhi: hin: jwe' hsain
mercado (m)	ဈေး	zei:
cafeteria (f)	ကော်ဖီဆိုင်	ko hpi zain
restaurante (m)	စားသောက်ဆိုင်	sa: thau' hsain
bar (m)	ဘီယာဆိုင်	bi ja zain:
pizzaria (f)	ပီဇာမုန့်ဆိုင်	pi za moun. zain
salão (m) de cabeleireiro	ဆံပင်ညှပ်ဆိုင်	zain hnja' hsain
agência (f) dos correios	စာတိုက်	sa dai'
lavanderia (f)	အဝတ်အရောက်လျှော်လုပ်ငန်း	awu' achou' hlo: lou' ngan:
estúdio (m) fotográfico	ဓာတ်ပုံရိုက်ခန်း	da' poun jai' khan:
sapataria (f)	ဖိနပ်ဆိုင်	hpana' sain
livraria (f)	စာအုပ်ဆိုင်	sa ou' hsain
loja (f) de artigos esportivos	အားကစားပစ္စည်းဆိုင်	a: gaza: pji' si: zain
costureira (m)	စက်ပြင်ဆိုင်	se' pjin zain
aluguel (m) de roupa	ဝတ်စုံအငှားဆိုင်	wa' zoun ahnga: zain
videolocadora (f)	အခွေငှားဆိုင်	akhwei hnga: zain:
circo (m)	ဆပ်ကပ်	hsa' ka'
jardim (m) zoológico	တိရစ္ဆာန်ဥယျာဉ်	tharei' hsan u. jin

Portuguese	Burmese	Romanization
cinema (m)	ရုပ်ရှင်ရုံ	jou' shin joun
museu (m)	ပြတိုက်	pja. dai'
biblioteca (f)	စာကြည့်တိုက်	sa gji. dai'
teatro (m)	ကဇာတ်ရုံ	ka. za' joun
ópera (f)	အော်ပရာဇာတ်ရုံ	o pa ra za' joun
boate (casa noturna)	နိုက်ကလပ်	nai' ka. la'
cassino (m)	လောင်းကစားရုံ	laun: gaza: joun
mesquita (f)	ဗလီ	bali
sinagoga (f)	ရှုဟူဒီဘုရား ရှိခိုးကျောင်း	ja. hu di bu. ja: shi. gou: gjaun:
catedral (f)	ဘုရားရှိခိုးကျောင်းတော်	hpaja: gjaun: do:
templo (m)	ဘုရားကျောင်း	hpaja: gjaun:
igreja (f)	ဘုရားကျောင်း	hpaja: gjaun:
faculdade (f)	တက္ကသိုလ်	te' kathou
universidade (f)	တက္ကသိုလ်	te' kathou
escola (f)	စာသင်ကျောင်း	sa dhin gjaun:
prefeitura (f)	စီရင်စုနယ်	si jin zu. ne
câmara (f) municipal	မြို့တော်ခန်းမ	mjou. do gan: ma.
hotel (m)	ဟိုတယ်	hou te
banco (m)	ဘဏ်	ban
embaixada (f)	သံရုံး	than joun:
agência (f) de viagens	ခရီးသွားလုပ်ငန်း	khaji: thwa: lou' ngan:
agência (f) de informações	သတင်းအချက်အလက်ဌာန	dhadin: akje' ale' hta. na.
casa (f) de câmbio	ငွေလဲရန်နေရာ	ngwei le: jan nei ja
metrô (m)	မြေအောက်ဥမင်လမ်း	mjei au' u. min lan:
hospital (m)	ဆေးရုံ	hsei: joun
posto (m) de gasolina	ဆီဆိုင်	hsi: zain
parque (m) de estacionamento	ကားပါကင်	ka: pa kin

30. Sinais

Portuguese	Burmese	Romanization
letreiro (m)	ဆိုင်းဘုတ်	hsain: bou'
aviso (m)	သတိပေးစာ	dhadi. pei: za
cartaz, pôster (m)	ပိုစတာ	pou sata
placa (f) de direção	လမ်းညွှန်	lan: hnjun
seta (f)	လမ်းညွှန်မြား	lan: hnjun hmja:
aviso (advertência)	သတိပေးခြင်း	dhadi. pei: gjin:
sinal (m) de aviso	သတိပေးချက်	dhadi. pei: gje'
avisar, advertir (vt)	သတိပေးသည်	dhadi. pei: de
dia (m) de folga	ရုံးပိတ်ရက်	joun: bei' je'
horário (~ dos trens, etc.)	အချိန်ဇယား	achein zaja:
horário (m)	ဖွင့်ချိန်	hpwin. gjin
BEM-VINDOS!	ကြိုဆိုပါသည်	kjou hsou ba de
ENTRADA	ဝင်ပေါက်	win bau'

SAÍDA	ထွက်ပေါက်	htwe' pau'
EMPURRE	တွန်းသည်	tun: de
PUXE	ဆွဲသည်	hswe: de
ABERTO	ဖွင့်သည်	hpwin. de
FECHADO	ပိတ်သည်	pei' te

| MULHER | အမျိုးသမီးသုံး | amjou: dhami: dhoun: |
| HOMEM | အမျိုးသားသုံး | amjou: dha: dhoun: |

DESCONTOS	လျှော့ဈေး	sho. zei:
SALDOS, PROMOÇÃO	လျှော့ဈေး	sho. zei:
NOVIDADE!	အသစ်	athi'
GRÁTIS	အခမဲ့	akha me.

ATENÇÃO!	သတိ	thadi.
NÃO HÁ VAGAS	အလွတ်မရှိ	alu' ma shi.
RESERVADO	ကြိုတင်မှာယူထားပြီး	kjou tin hma ju da: bji:

| ADMINISTRAÇÃO | စီမံအုပ်ချုပ်ခြင်း | si man ou' chou' chin: |
| SOMENTE PESSOAL AUTORIZADO | အမှုထမ်းအတွက်အသာ | ahmu. htan: atwe' atha |

CUIDADO CÃO FEROZ	ခွေးကိုက်တတ်သည်	khwei: kai' ta' te
PROIBIDO FUMAR!	ဆေးလိပ်မသောက်ရ	hsei: lei' ma. dhau' ja.
NÃO TOCAR	မထိရ	ma. di. ja.

PERIGOSO	အန္တရာယ်ရှိသည်	an dare shi. de.
PERIGO	အန္တရာယ်	an dare
ALTA TENSÃO	ဗို့အားပြင်း	bou. a: bjin:
PROIBIDO NADAR	ရေမကူးရ	jei ma. gu: ja.
COM DEFEITO	ပျက်နေသည်	pje' nei de

INFLAMÁVEL	မီးလောင်တတ်သည်	mi: laun da' te
PROIBIDO	တားမြစ်သည်	ta: mji' te
ENTRADA PROIBIDA	မကျူးကျော်ရ	ma. gju: gjo ja
CUIDADO TINTA FRESCA	ဆေးမခြောက်သေး	hsei: ma. gjau' dhei:

31. Compras

comprar (vt)	ဝယ်သည်	we de
compra (f)	ဝယ်စရာ	we zaja
fazer compras	ဈေးဝယ်ထွက်ခြင်း	zei: we htwe' chin:
compras (f pl)	ဈေးပင်း	sho. bin:

| estar aberta (loja) | ဆိုင်ဖွင့်သည် | hsain bwin. de |
| estar fechada | ဆိုင်ပိတ်သည် | hseun bi' te |

calçado (m)	ဖိနပ်	hpana'
roupa (f)	အဝတ်အစား	awu' aza:
cosméticos (m pl)	အလှကုန်ပစ္စည်း	ahla. koun pji' si:
alimentos (m pl)	စားသောက်ကုန်	sa: thau' koun
presente (m)	လက်ဆောင်	le' hsaun
vendedor (m)	ရောင်းသူ	jaun: dhu
vendedora (f)	ရောင်းသူ	jaun: dhu

caixa (f)	ငွေရှင်းရန်နေရာ	ngwei shin: jan nei ja
espelho (m)	မှန်	hman
balcão (m)	ကောင်တာ	kaun da
provador (m)	အဝတ်လဲရန်း	awu' le: gan:
provar (vt)	တိုင်းကြည့်သည်	tain: dhi. de
servir (roupa, caber)	သင့်တော်သည်	thin. do de
gostar (apreciar)	ကြိုက်သည်	kjai' de
preço (m)	ဈေးနှုန်း	zei: hnan:
etiqueta (f) de preço	ဈေးနှုန်းကပ်ပြား	zei: hnan: ka' pja:
custar (vt)	ကုန်ကျသည်	koun mja. de
Quanto?	ဘယ်လောက်လဲ	be lau' le:
desconto (m)	လျှော့ဈေး	sho. zei:
não caro (adj)	ဈေးမကြီးသော	zei: ma. kji: de.
barato (adj)	ဈေးပေါသော	zei: po: de.
caro (adj)	ဈေးကြီးသော	zei: kji: de.
É caro	ဒါဈေးကြီးတယ်	da zei: gji: de
aluguel (m)	ငှားရမ်းခြင်း	hna: jan: chin:
alugar (roupas, etc.)	ငှားရမ်းသည်	hna: jan: de
crédito (m)	အကြွေးစနစ်	akjwei: sani'
a crédito	အကြွေးစနစ်ဖြင့်	akjwei: sa ni' hpjin.

VESTUÁRIO & ACESSÓRIOS

32. Roupa exterior. Casacos

roupa (f)	အဝတ်အစား	awu' aza:
roupa (f) exterior	အပေါ်ဝတ်အကျီ	apo we' in: gji
roupa (f) de inverno	ဆောင်းတွင်းဝတ်အဝတ်အစား	hsaun: dwin: wu' awu' asa:
sobretudo (m)	ကုတ်အကျီရှည်	kou' akji shi
casaco (m) de pele	သားမွေးအနွေးထည်	tha: mwei: anwei: de
jaqueta (f) de pele	အမွေးပွအပေါ်အကျီ	ahmwei pwa po akji.
casaco (m) acolchoado	ငှက်မွေးကုတ်အကျီ	hnge' hmwei: kou' akji.
casaco (m), jaqueta (f)	အပေါ်အကျီ	apo akji.
impermeável (m)	မိုးကာအကျီ	mou: ga akji
a prova d'água	ရေလုံသော	jei loun de.

33. Vestuário de homem & mulher

camisa (f)	ရှပ်အကျီ	sha' in gji
calça (f)	ဘောင်းဘီ	baun: bi
jeans (m)	ဂျင်းဘောင်းဘီ	gjin: bain: bi
paletó, terno (m)	အပေါ်အကျီ	apo akji.
terno (m)	အနောက်တိုင်းဝတ်စုံ	anau' tain: wu' saun
vestido (ex. ~ de noiva)	ဂါဝန်	ga wun
saia (f)	စကတ်	saka'
blusa (f)	ဘလောက်စ်အကျီ	ba. lau' s in: gji
casaco (m) de malha	ကြယ်သီးပါသော အနွေးထည်	kje dhi: ba de. anwei: dhe
casaco, blazer (m)	အပေါ်ဖုံးအကျီ	apo hpoun akji.
camiseta (f)	တီရှပ်	ti shi'
short (m)	ဘောင်းဘီတို	baun: bi dou
training (m)	အားကစားဝတ်စုံ	a: gaza: wu' soun
roupão (m) de banho	ရေချိုးခန်းဝတ်စုံ	jei gjou: gan: wu' soun
pijama (m)	ညအိပ်ဝတ်စုံ	nja a' wu' soun
suéter (m)	ဆွယ်တာ	hswe da
pulôver (m)	ဆွယ်တာ	hswe da
colete (m)	ဝစ်ကုတ်	wi' kou'
fraque (m)	တေးလ်ကုတ်အကျီ	tei: l kou' in: gji
smoking (m)	ညစာစားပွဲဝတ်စုံ	nja. za za: bwe: wu' soun
uniforme (m)	တူညီဝတ်စုံ	tu nji wa' soun
roupa (f) de trabalho	အလုပ်ဝင် ဝတ်စုံ	alou' win wu' zoun
macacão (m)	စက်ရုံဝတ်စုံ	se' joun wu' soun
jaleco (m), bata (f)	ဂျူတီကုတ်	gju di gou'

34. Vestuário. Roupa interior

roupa (f) íntima	အတွင်းခံ	atwin: gan
cueca boxer (f)	ယောက်ျားဝတ်အတွင်းခံ	jau' kja: wu' atwin: gan
calcinha (f)	မိန်းကလေးဝတ်အတွင်းခံ	mein; galei; wa' atwin: gan
camiseta (f)	စွပ်ကျယ်	su' kje
meias (f pl)	ခြေအိတ်များ	chei ei' mja:
camisola (f)	ညအိပ်ဂါဝန်ရှည်	nja a' ga wun she
sutiã (m)	ဘရာစီယာ	ba ra si ja
meias longas (f pl)	ခြေအိတ်ရှည်	chei ei' shi
meias-calças (f pl)	အသားကပ်-ဘောင်းဘီရှည်	atha: ka' baun: bi shei
meias (~ de nylon)	စဝေတ္တာကင်	sato. kin
maiô (m)	ရေကူးဝတ်စုံ	jei ku: wa' zoun

35. Adereços de cabeça

chapéu (m), touca (f)	ဦးထုပ်	u: htou'
chapéu (m) de feltro	ဦးထုပ်ပြော့	u: htou' pjo.
boné (m) de beisebol	ရှာဒိုးဦးထုပ်	sha dou: u: dou'
boina (~ italiana)	လူကြီးဆောင်းဦးထုပ်ပြား	lu gji: zaun: u: dou' pja:
boina (ex. ~ basca)	ဘယ်ရီဦးထုပ်	be ji u: htu'
capuz (m)	အကျီတွင်ပါသော ခေါင်းစွပ်	akji. twin pa dho: gaun: zu'
chapéu panamá (m)	ဦးထုပ်အဝိုင်း	u: htou' awain:
touca (f)	သိုးမွေးခေါင်းစွပ်	thou: mwei: gaun: zu'
lenço (m)	ခေါင်းစည်းပုဝါ	gaun: zi: bu. wa
chapéu (m) feminino	အမျိုးသမီးဆောင်းဦးထုပ်	amjou: dhami: zaun: u: htou'
capacete (m) de proteção	ဦးထုပ်အမာ	u: htou' ama
bibico (m)	တပ်မတော်သုံးဦးထုပ်	ta' mado dhoun: u: dou'
capacete (m)	အမာစားဦးထုပ်	ama za: u: htou'
chapéu-coco (m)	ဦးထုပ်လုံး	u: htou' loun:
cartola (f)	ဦးထုပ်မြင့်	u: htou' mjin.

36. Calçado

calçado (m)	ဖိနပ်	hpana'
botinas (f pl), sapatos (m pl)	ရှူးဖိနပ်	shu: hpi. na'
sapatos (de salto alto, etc.)	မိန်းကလေးစီးရှူးဖိနပ်	mein: galei: zi: shu: bi. na'
botas (f pl)	လည်ရှည်ဖိနပ်	le she bi. na'
pantufas (f pl)	အိမ်တွင်းစီးကွင်းထိုးဖိနပ်	ein dwin:
tênis (~ Nike, etc.)	အားကစားဖိနပ်	a: gaza: bana'
tênis (~ Converse)	ပတ္တူဖိနပ်	pa' tu bi. na'
sandálias (f pl)	ကြိုးသိုင်းဖိနပ်	kjou: dhain: bi. na'
sapateiro (m)	ဖိနပ်ချုပ်သမား	hpana' chou' tha ma:
salto (m)	ဒေါက်	dau'

par (m)	အစုံ	asoun.
cadarço (m)	ဖိနပ်ကြိုး	hpana' kjou:
amarrar os cadarços	ဖိနပ်ကြိုးချည်သည်	hpana' kjou: gjin de
calçadeira (f)	ဖိနပ်စီးရာသွင်သုံးသည် ဖိနပ်ကော်	hpana' si: ja dhwin dhoun: dhin. hpana' ko
graxa (f) para calçado	ဖိနပ်တိုက်ဆေး	hpana' tou' hsei:

37. Acessórios pessoais

luva (f)	လက်အိတ်	lei' ei'
mitenes (f pl)	နှစ်ကန့်လက်အိတ်	hni' kan. le' ei'
cachecol (m)	မာဘလာ	ma ba. la
óculos (m pl)	မျက်မှန်	mje' hman
armação (f)	မျက်မှန်ကိုင်း	mje' hman gain:
guarda-chuva (m)	ထီး	hti:
bengala (f)	တုတ်ကောက်	tou' kau'
escova (f) para o cabelo	ခေါင်းဘီး	gaun: bi:
leque (m)	ပန်ကန်	pan gan
gravata (f)	လည်စည်း	le zi:
gravata-borboleta (f)	ဖဲပြားပုံလည်စည်း	hpe: bja: boun le zi:
suspensórios (m pl)	ဘောင်းဘီဒိုင်ကြိုး	baun: bi dhain: gjou:
lenço (m)	လက်ကိုင်ပဝါ	le' kain bu. wa
pente (m)	ဘီး	bi:
fivela (f) para cabelo	ဆံညှပ်	hsan hnja'
grampo (m)	ကလစ်	kali'
fivela (f)	ခါးပတ်ခေါင်း	kha: ba' khaun:
cinto (m)	ခါးပတ်	kha: ba'
alça (f) de ombro	ပုံးသိုင်းကြိုး	pu. goun: dhain: gjou:
bolsa (f)	လက်ကိုင်အိတ်	le' kain ei'
bolsa (feminina)	မိန်းကလေးပုံးလွယ်အိတ်	mein: galei: bou goun: lwe ei'
mochila (f)	ကျောပိုးအိတ်	kjo: bou: ei'

38. Vestuário. Diversos

moda (f)	ဖက်ရှင်	hpe' shin
na moda (adj)	ခေတ်မီသော	khi' mi de.
estilista (m)	ဖက်ရှင်ဒီဇိုင်နာ	hpe' shin di zain na
colarinho (m)	အင်္ကျီကော်လာ	akji. ko la
bolso (m)	အိတ်ကပ်	ei' ka'
de bolso	အိတ်ဆောင်	ei' hsaun
manga (f)	အင်္ကျီလက်	akji. le'
ganchinho (m)	အင်္ကျီချိတ်ကွင်း	akji. gjei' kwin:
bragueta (f)	ဘောင်းဘီလျှာဆက်	baun: bi ja ze'
zíper (m)	ဇစ်	zi'
colchete (m)	ချိတ်စရာ	che' zaja

botão (m)	ကြယ်သီး	kje dhi:
botoeira (casa de botão)	ကြယ်သီးပေါက်	kje dhi: bau'
soltar-se (vr)	ပြုတ်ထွက်သည်	pjou' htwe' te

costurar (vi)	စက်ချုပ်သည်	se' khjou' te
bordar (vt)	ပန်းထိုးသည်	pan: dou: de
bordado (m)	ပန်းထိုးခြင်း	pan: dou: gjin:
agulha (f)	အပ်	a'
fio, linha (f)	အပ်ချည်	a' chi
costura (f)	ချုပ်ရိုး	chou' jou:

sujar-se (vr)	ညစ်ပေသွားသည်	nji' pei dhwa: de
mancha (f)	အစွန်းအထင်း	aswan: ahtin:
amarrotar-se (vr)	တွန့်ကြေစေသည်	tun. gjei zei de
rasgar (vt)	ပေါက်ပြဲသွားသည်	pau' pje: dhwa: de
traça (f)	အဝတ်ပိုးဖလံ	awu' pou: hpa. lan

39. Cuidados pessoais. Cosméticos

pasta (f) de dente	သွားတိုက်ဆေး	thwa: tai' hsei:
escova (f) de dente	သွားတိုက်တံ	thwa: tai' tan
escovar os dentes	သွားတိုက်သည်	thwa: tai' te

gilete (f)	သင်တုန်းဓား	thin toun: da:
creme (m) de barbear	မုတ်ဆိတ်ရိတ် ဆပ်ပြာ	mou' zei' jei' hsa' pja
barbear-se (vr)	ရိတ်သည်	jei' te

| sabonete (m) | ဆပ်ပြာ | hsa' pja |
| xampu (m) | ခေါင်းလျော်ရည် | gaun: sho je |

tesoura (f)	ကတ်ကြေး	ka' kjei:
lixa (f) de unhas	လက်သည်းတိုက်တံစဉ်း	le' the:
corta-unhas (m)	လက်သည်းညှပ်	le' the: hnja'
pinça (f)	ဇာဂနာ	za ga. na

cosméticos (m pl)	အလှကုန်ပစ္စည်း	ahla. koun pji' si:
máscara (f)	မျက်နှာပေါင်းတင်ခြင်း	mje' hna baun: din gjin:
manicure (f)	လက်သည်းအလှပြင်ခြင်း	le' the: ahla bjin gjin
fazer as unhas	လက်သည်းအလှပြင်သည်	le' the: ahla bjin de
pedicure (f)	ခြေသည်းအလှပြင်သည်	chei dhi: ahla. pjin de

bolsa (f) de maquiagem	မိတ်ကပ်အိတ်	mi' ka' ei'
pó (de arroz)	ပေါင်ဒါ	paun da
pó (m) compacto	ပေါင်ဒါဘူး	paun da bu:
blush (m)	ပါးနီ	pa: ni

perfume (m)	ရေမွှေး	jei mwei:
água-de-colônia (f)	ရေမွှေး	jei mwei:
loção (f)	လိုရှင်း	lou shin:
colônia (f)	အော်ဒီကာလုန်ရေမွှေး	o di ka lun: jei mwei:

sombra (f) de olhos	မျက်ခွံဆိုးဆေး	mje' khwan zou: zei:
delineador (m)	အိုင်းလိုင်းနာတောင့်	ain: lain: na daun.
máscara (f), rímel (m)	မျက်တောင်ခြယ်ဆေး	mje' taun gje zei:

batom (m)	နှုတ်ခမ်းနီ	hna' khan: ni
esmalte (m)	လက်သည်းဆိုးဆေး	le' the: azou: zei:
laquê (m), spray fixador (m)	ဆံပင်သုံးပဝေး	zabin dhoun za. ba. jei:
desodorante (m)	ချွေးနံ့ပျောက်ဆေး	chwei: nan. bjau' hsei:
creme (m)	ရေချိုးမ်	khajin m
creme (m) de rosto	မျက်နှာရေချိုးမ်	mje' hna ga. jin m
creme (m) de mãos	ဟန်ရေချိုးမ်	han kha. rin m
creme (m) antirrugas	အသားအရေကြောက်ကာကွယ်ဆေး	atha: gjau' ka gwe zei:
creme (m) de dia	နေ့လယ်းရေချိုးမ်	nei. lein: ga jin'm
creme (m) de noite	ညလယ်းရေချိုးမ်	nja lein: khajinm
de dia	နေ့လယ်ဘက်သုံးသော	nei. le be' thoun: de.
da noite	ညဘက်သုံးသော	nja. be' thoun: de.
absorvente (m) interno	အတောင့်	ataun.
papel (m) higiênico	အိမ်သာသုံးစက္ကူ	ein dha dhoun: se' ku
secador (m) de cabelo	ဆံပင်အခြောက်ခံစက်	zabin achou' hsan za'

40. Relógios de pulso. Relógios

relógio (m) de pulso	နာရီ	na ji
mostrador (m)	နာရီဒိုင်ခွက်	na ji dai' hpwe'
ponteiro (m)	နာရီလက်တံ	na ji le' tan
bracelete (em aço)	နာရီကြိုး	na ji gjou:
bracelete (em couro)	နာရီကြိုး	na ji gjou:
pilha (f)	ဓာတ်ခဲ	da' khe:
acabar (vi)	အားကုန်သည်	a: kun de
trocar a pilha	ဘတ်ထရီလဲသည်	ba' hta ji le: de
estar adiantado	မြန်သည်	mjan de
estar atrasado	နောက်ကျသည်	nau' kja. de
relógio (m) de parede	တိုင်ကပ်နာရီ	tain ka' na ji
ampulheta (f)	သဲနာရီ	the: naji
relógio (m) de sol	နေနာရီ	nei na ji
despertador (m)	နှိုးစက်	hnou: ze'
relojoeiro (m)	နာရီပြင်ဆရာ	ma ji bjin zaja
reparar (vt)	ပြင်သည်	pjin de

EXPERIÊNCIA DO QUOTIDIANO

41. Dinheiro

dinheiro (m)	ပိုက်ဆံ	pai' hsan
câmbio (m)	လဲလှယ်ခြင်း	le: hle gjin:
taxa (f) de câmbio	ငွေလဲနှုန်း	ngwei le: hnan:
caixa (m) eletrônico	အလိုအလျောက်ငွေထုတ်စက်	alou aljau' ngwei htou' se'
moeda (f)	အကြွေစေ့	akjwei zei.
dólar (m)	ဒေါ်လာ	do la
euro (m)	ယူရို	ju rou
lira (f)	အီတလီ လိုင်ရာငွေ	ita. li lain ja ngwei
marco (m)	ဂျာမန်မတ်ငွေ	gja man ma' ngwei
franco (m)	ဖရန်	hpa. jan.
libra (f) esterlina	စတာလင်ပေါင်	sata lin baun
iene (m)	ယန်း	jan:
dívida (f)	အကြွေး	akjwei:
devedor (m)	မြီစား	mji za:
emprestar (vt)	ချေးသည်	chei: de
pedir emprestado	အကြွေးယူသည်	akjwei: ju de
banco (m)	ဘဏ်	ban
conta (f)	ငွေစာရင်း	ngwei za jin:
depositar (vt)	ထည့်သည်	hte de.
depositar na conta	ငွေသွင်းသည်	ngwei dhwin: de
sacar (vt)	ငွေထုတ်သည်	ngwei dou' te
cartão (m) de crédito	အကြွေးဝယ်ကဒ်ပြား	akjwei: we ka' pja
dinheiro (m) vivo	လက်ငင်း	le' ngin:
cheque (m)	ချက်	che'
passar um cheque	ချက်ရေးသည်	che' jei: de
talão (m) de cheques	ချက်စာအုပ်	che' sa ou'
carteira (f)	ပိုက်ဆံအိတ်	pai' hsan ei'
niqueleira (f)	ပိုက်ဆံအိတ်	pai' hsan ei'
cofre (m)	မီးခံသေတ္တာ	mi: gan dhi' ta
herdeiro (m)	အမွေစားအမွေခံ	amwei za: amwei gan
herança (f)	အမွေဆက်ခံခြင်း	amwei ze' khan gjin:
fortuna (riqueza)	အခွင့်အလမ်း	akhwin. alan:
arrendamento (m)	အိမ်ငှါး	ein hnga:
aluguel (pagar o ~)	အခန်းငှါးခ	akhan: hnga: ga
alugar (vt)	ငှါးသည်	hnga: de
preço (m)	ဈေးနှုန်း	zei: hnan:
custo (m)	ကုန်ကျစရိတ်	koun gja. za. ji'

soma (f)	ပေါင်းလဒ်	paun: la'
gastar (vt)	သုံးစွဲသည်	thoun: zwe: de
gastos (m pl)	စရိတ်စက	zaei' zaga.
economizar (vi)	ချွေတာသည်	chwei da de
econômico (adj)	တွက်ခြေကိုက်သော	twe' chei kai' te.
pagar (vt)	ပေးချေသည်	pei: gjei de
pagamento (m)	ပေးချေသည့်ငွေ	pei: gjei de. ngwei
troco (m)	ပြန်အမ်းငွေ	pjan an: ngwe
imposto (m)	အခွန်	akhun
multa (f)	ဒဏ်ငွေ	dan ngwei
multar (vt)	ဒဏ်ရိုက်သည်	dan jai' de

42. Correios. Serviço postal

agência (f) dos correios	စာတိုက်	sa dai'
correio (m)	မေးလ်	mei: l
carteiro (m)	စာပို့သမား	sa bou. dhama:
horário (m)	ဖွင့်ချိန်	hpwin. gjin
carta (f)	စာ	sa
carta (f) registada	မှတ်ပုံတင်ပြီးသောစာ	hma' poun din bji: dho: za:
cartão (m) postal	ပို့စကဒ်	pou. sa. ka'
telegrama (m)	ကြေးနန်း	kjei: nan:
encomenda (f)	ပါဆယ်	pa ze
transferência (f) de dinheiro	ငွေလွှဲခြင်း	ngwei hlwe: gjin:
receber (vt)	လက်ခံရရှိသည်	le' khan ja. shi. de
enviar (vt)	ပို့သည်	pou. de
envio (m)	ပို့ခြင်း	pou. gjin:
endereço (m)	လိပ်စာ	lei' sa
código (m) postal	စာပို့သင်္ကေတ	sa bou dhin kei ta.
remetente (m)	ပို့သူ	pou. dhu
destinatário (m)	လက်ခံသူ	le' khan dhu
nome (m)	အမည်	amji
sobrenome (m)	မိသားစု မျိုးရိုးနာမည်	mi. dha: zu. mjou: jou: na mji
tarifa (f)	စာပို့ နှုန်းထား	sa bou. kha. hnan: da:
ordinário (adj)	စံနှုန်းသတ်မှတ်ထားသော	san hnoun: dha' hma' hta: de.
econômico (adj)	ကုန်ကျငွေသက်သာသော	koun gja ngwe dhe' dha de.
peso (m)	အလေးချိန်	alei: gjein
pesar (estabelecer o peso)	ချိန်သည်	chein de
envelope (m)	စာအိတ်	sa ei'
selo (m) postal	တံဆိပ်ခေါင်း	da zei' khaun:
colar o selo	တံဆိပ်ခေါင်းကပ်သည်	da zei' khaun: ka' te

43. Banca

banco (m)	ဘဏ်	ban
balcão (f)	ဘဏ်ခွဲ	ban gwe:

consultor (m) bancário	အတိုင်ပင်ခံပုဂ္ဂိုလ်	atain bin gan bou' gou
gerente (m)	မန်နေဂျာ	man nei gji
conta (f)	ဘဏ်ငွေစာရင်း	ban ngwei za jin
número (m) da conta	ဘဏ်စာရင်းနံပါတ်	ban zajin: nan. ba'
conta (f) corrente	ဘဏ်စာရင်းရှင်	ban zajin: shin
conta (f) poupança	ဘဏ်ငွေစုစာရင်း	ban ngwei zu. za jin
abrir uma conta	ဘဏ်စာရင်းဖွင့်သည်	ban zajin: hpwin. de
fechar uma conta	ဘဏ်စာရင်းပိတ်သည်	ban zajin: bi' te
depositar na conta	ငွေသွင်းသည်	ngwei dhwin: de
sacar (vt)	ငွေထုတ်သည်	ngwei dou' te
depósito (m)	အပ်ငွေ	a' ngwei
fazer um depósito	ငွေအပ်သည်	ngwei a' te
transferência (f) bancária	ကြေးနန်းဖြင့်ငွေလွှဲခြင်း	kjei: nan: bjin. ngwe hlwe: gjin
transferir (vt)	ကြေးနန်းဖြင့်ငွေလွှဲသည်	kjei: nan: bjin. ngwe hlwe: de
soma (f)	ပေါင်းလဒ်	paun: la'
Quanto?	ဘယ်လောက်လဲ	be lau' le:
assinatura (f)	လက်မှတ်	le' hma'
assinar (vt)	လက်မှတ်ထိုးသည်	le' hma' htou: de
cartão (m) de crédito	အကြွေးဝယ်ကဒ်-ခရက်ဒစ်ကဒ်	achwei: we ka' - ka' je' da' ka'
senha (f)	ကုဒ်နံပါတ်	kou' nan ba'
número (m) do cartão de crédito	ခရက်ဒစ်ကဒ်နံပါတ်	kha. je' di' ka' nan ba'
caixa (m) eletrônico	အလိုအလျောက်ငွေထုတ်စက်	alou aljau' ngwei htou' se'
cheque (m)	ချက်လက်မှတ်	che' le' hma'
passar um cheque	ချက်ရေးသည်	che' jei: de
talão (m) de cheques	ချက်စာအုပ်	che' sa ou'
empréstimo (m)	ချေးငွေ	chei: ngwei
pedir um empréstimo	ချေးငွေလျှောက်လွှာတင်သည်	chei: ngwei shau' hlwa din de
obter empréstimo	ချေးငွေရယူသည်	chei: ngwei ja. ju de
dar um empréstimo	ချေးငွေထုတ်ပေးသည်	chei: ngwei htou' pei: de
garantia (f)	အာမခံပစ္စည်း	a ma. gan bji' si:

44. Telefone. Conversação telefônica

telefone (m)	တယ်လီဖုန်း	te li hpoun:
celular (m)	မိုဘိုင်းဖုန်း	mou bain: hpoun:
secretária (f) eletrônica	ဖုန်းထူစက်	hpoun: du: ze'
fazer uma chamada	ဖုန်းဆက်သည်	hpoun: ze' te
chamada (f)	အဝင်ဖုန်း	awin hpun:
discar um número	နံပါတ် နှိပ်သည်	nan ba' hnei' te
Alô!	ဟလို	ha. lou
perguntar (vt)	မေးသည်	mei: de
responder (vt)	ဖြေသည်	hpjei de

ouvir (vt)	ကြားသည်	ka: de
bem	ကောင်းကောင်း	kaun: gaun:
mal	အရမ်းမကောင်း	ajan: ma. gaun:
ruído (m)	ဖြတ်ဝင်သည့်ရှုည်သံ	hpja' win dhi. zu njan dhan
fone (m)	တယ်လီဖုန်းနားကြပ်ပိုင်း	te li hpoun: na: gja' pain:
pegar o telefone	ဖုန်းကောက်ကိုင်သည်	hpoun: gau' gain de
desligar (vi)	ဖုန်းချသည်	hpoun: gja de
ocupado (adj)	လိုင်းမအားသော	lain: ma. a: de.
tocar (vi)	မြည်သည်	mji de
lista (f) telefônica	တယ်လီဖုန်းလမ်းညွှန်စာအုပ်	te li hpoun: lan: hnjun za ou'
local (adj)	ပြည်တွင်းဒေသတွင်းဖြစ်သော	pji dwin: dei. dha dwin: bji' te.
chamada (f) local	ပြည်တွင်းခေါ် ဆိုမှု	pji dwin: go zou hmu.
de longa distância	အဝေးခေါ်ဆိုနိုင်သော	awei: go zou nain de.
chamada (f) de longa distância	အဝေးခေါ်ဆိုမှု	awei: go zou hmu.
internacional (adj)	အပြည်ပြည်ဆိုင်ရာဖြစ်သော	apji pji zain ja bja' de.
chamada (f) internacional	အပြည်ပြည်ဆိုင်ရာခေါ် ဆိုမှု	apji pji zain ja go: zou hmu

45. Telefone móvel

celular (m)	မိုဘိုင်းဖုန်း	mou bain: hpoun:
tela (f)	ပြသခြင်း	pja. dha. gjin:
botão (m)	ခလုတ်	khalou'
cartão SIM (m)	ဆင်းကဒ်	hsin: ka'
bateria (f)	ဘတ်ထရီ	ba' hta ji
descarregar-se (vr)	ဖုန်းအားကုန်သည်	hpoun: a: goun: de
carregador (m)	အားသွင်းကြိုး	a: dhwin: gjou:
menu (m)	အစားအသောက်စာရင်း	asa: athau' sa jin:
configurações (f pl)	ချိန်ညှိခြင်း	chein hnji. chin:
melodia (f)	တီးလုံး	ti: loun:
escolher (vt)	ရွေးချယ်သည်	jwei: che de
calculadora (f)	ဂဏန်းပေါင်းစက်	ganan: baun: za'
correio (m) de voz	အသံမေးလ်	athan mei:l
despertador (m)	နှိုးစက်	hnou: ze'
contatos (m pl)	ဖုန်းအဆက်အသွယ်များ	hpoun: ase' athwe mja:
mensagem (f) de texto	မက်ဆေ့ဂျ်	me' zei. gja
assinante (m)	အသုံးပြုသူ	athoun: bju. dhu

46. Estacionário

caneta (f)	ဘောပင်	bo pin
caneta (f) tinteiro	ဖောင်တိန်	hpaun din
lápis (m)	ခဲတံ	khe: dan
marcador (m) de texto	အရောင်တောက်မင်တံ	ajaun dau' min dan

caneta (f) hidrográfica	ရေဆေးစုတ်တံ	jei zei: zou' tan
bloco (m) de notas	မှတ်စုစာအုပ်	hma' su. za ou'
agenda (f)	နေ့စဉ်မှတ်တမ်းစာအုပ်	nei. zin hma' tan: za ou'

régua (f)	ပေတံ	pei dan
calculadora (f)	ဂဏန်းပေါင်းစက်	ganan: baun: za'
borracha (f)	ခဲဖျက်	khe: bje'
alfinete (m)	ထိပ်ပြားကြီးသံမှို	htei' pja: gji: dhan hmou
clipe (m)	တွယ်ချိတ်	twe gjei'

cola (f)	ကော်	ko
grampeador (m)	စတက်ပလာ	sate' pa. la
furador (m) de papel	အပေါက်ဖောက်စက်	apau' hpau' se'
apontador (m)	ခဲချွန်စက်	khe: chun ze'

47. Línguas estrangeiras

língua (f)	ဘာသာစကား	ba dha zaga:
estrangeiro (adj)	နိုင်ငံခြားနှင့်ဆိုင်သော	nain ngan gja: hnin. zain de.
língua (f) estrangeira	နိုင်ငံခြားဘာသာစကား	nain ngan gja: ba dha za ga:
estudar (vt)	သင်ယူလေ့လာသည်	thin ju lei. la de
aprender (vt)	သင်ယူသည်	thin ju de

ler (vt)	ဖတ်သည်	hpa' te
falar (vi)	ပြောသည်	pjo: de
entender (vt)	နားလည်သည်	na: le de
escrever (vt)	ရေးသည်	jei: de

rapidamente	မြန်မြန်	mjan mjan
devagar, lentamente	ဖြည်းဖြည်း	hpjei: bjei:
fluentemente	ကျွမ်းကျွမ်းကျင်ကျင်	kjwan: gjwan: gjin gjin

regras (f pl)	စည်းမျဉ်းစည်းကမ်း	si: mjin: si: kan:
gramática (f)	သဒ္ဒါ	dhada
vocabulário (m)	ဝေါဟာရ	wo: ha ra.
fonética (f)	သဒ္ဒဗေဒ	dhada. bei da.

livro (m) didático	ဖတ်စာအုပ်	hpa' sa au'
dicionário (m)	အဘိဓာန်	abi. dan
manual (m) autodidático	မိမိဘာသာလေ့လာနိုင်သောစာအုပ်	mi. mi. ba dha lei. la nain dho: za ou'
guia (m) de conversação	နှစ်ဘာသာစကားပြောစာအုပ်	hni' ba dha zaga: bjo: za ou'

fita (f) cassete	တိပ်ခွေ	tei' khwei
videoteipe (m)	ရုပ်ရှင်တိပ်ခွေ	jou' shin dei' hpwei
CD (m)	စီဒီခွေ	si di gwei
DVD (m)	ဒီဗီဒီခွေ	di bi di gwei

alfabeto (m)	အက္ခရာ	e' kha ja
soletrar (vt)	စာလုံးပေါင်းသည်	sa loun: baun: de
pronúncia (f)	အသံထွက်	athan dwe'

sotaque (m)	ဝဲသံ	we: dhan
com sotaque	ဝဲသံနှင့်	we: dhan hnin.

sem sotaque	ဝဲသံမပါဘဲ	we: dhan ma. ba be:
palavra (f)	စကားလုံး	zaga: loun:
sentido (m)	အဓိပ္ပါယ်	adei' be
curso (m)	သင်တန်း	thin dan:
inscrever-se (vr)	စာရင်းသွင်းသည်	sajin: dhwin: de
professor (m)	ဆရာ	hsa ja
tradução (processo)	ဘာသာပြန်ခြင်း	ba dha bjan gjin:
tradução (texto)	ဘာသာပြန်ထားချက်	ba dha bjan da: gje'
tradutor (m)	ဘာသာပြန်	ba dha bjan
intérprete (m)	စကားပြန်	zaga: bjan
poliglota (m)	ဘာသာစကားအများ ပြောနိုင်သူ	ba dha zaga: amja: bjo: nain dhu
memória (f)	မှတ်ဉာဏ်	hma' njan

REFEIÇÕES. RESTAURANTE

48. Por a mesa

colher (f)	ဇွန်း	zun:
faca (f)	ဓား	da:
garfo (m)	ခက်ရင်း	khajin:

xícara (f)	ခွက်	khwe'
prato (m)	ပန်းကန်ပြား	bagan: bja:
pires (m)	အောက်ခံပန်းကန်ပြား	au' khan ban: kan pja:
guardanapo (m)	လက်သုတ်ပုဝါ	le' thou' pu. wa
palito (m)	သွားကြားထိုးတံ	thwa: kja: dou: dan

49. Restaurante

restaurante (m)	စားသောက်ဆိုင်	sa: thau' hsain
cafeteria (f)	ကော်ဖီဆိုင်	ko hpi zain
bar (m), cervejaria (f)	ဘား	ba:
salão (m) de chá	လက်ဖက်ရည်ဆိုင်	le' hpe' ji zain

garçom (m)	စားပွဲထိုး	sa: bwe: dou:
garçonete (f)	စားပွဲထိုးမိန်းကလေး	sa: bwe: dou: mein: ga. lei:
barman (m)	အရက်ဘားဝန်ထမ်း	aje' ba: wun dan:

cardápio (m)	စားသောက်ဖွယ်စာရင်း	sa: thau' hpwe za jin:
lista (f) de vinhos	ဝိုင်စာရင်း	wain za jin:
reservar uma mesa	စားပွဲကြိုတင်မှာယူသည်	sa: bwe: gjou din hma ju de

prato (m)	ဟင်းပွဲ	hin: bwe:
pedir (vt)	မှာသည်	hma de
fazer o pedido	မှာသည်	hma de

aperitivo (m)	နှတ်မြိန်ဆေး	hna' mjein zei:
entrada (f)	နှတ်မြိန်စာ	hna' mjein za
sobremesa (f)	အချို	achou bwe:

conta (f)	ကျသင့်ငွေ	kja. thin. ngwei
pagar a conta	ကုန်ကျငွေရှင်းသည်	koun gja ngwei shin: de
dar o troco	ပြန်အမ်းသည်	pjan an: de
gorjeta (f)	မုန့်ဖိုး	moun. bou:

50. Refeições

comida (f)	အစားအစာ	asa: asa
comer (vt)	စားသည်	sa: de

café (m) da manhã	နံနက်စာ	nan ne' za
tomar café da manhã	နံနက်စာစားသည်	nan ne' za za: de
almoço (m)	နေ့လယ်စာ	nei. le za
almoçar (vi)	နေ့လယ်စာစားသည်	nei. le za za de
jantar (m)	ညစာ	nja. za
jantar (vi)	ညစာစားသည်	nja. za za: de

| apetite (m) | စားချင်စိတ် | sa: gjin zei' |
| Bom apetite! | စားကောင်းပါစေ | sa: gaun: ba zei |

abrir (~ uma lata, etc.)	ဖွင့်သည်	hpwin. de
derramar (~ líquido)	ဖိတ်ကျသည်	hpi' kja de
derramar-se (vr)	မှောက်သည်	hmau' de

ferver (vi)	ဆူပွက်သည်	hsu. bwe' te
ferver (vt)	ဆူပွက်သည်	hsu. bwe' te
fervido (adj)	ဆူပွက်ထားသော	hsu. bwe' hta: de.
esfriar (vt)	အအေးခံသည်	aei: gan de
esfriar-se (vr)	အေးသွားသည်	ei: dhwa: de

| sabor, gosto (m) | အရသာ | aja. dha |
| fim (m) de boca | ပအာခြင်း | pa. achin: |

emagrecer (vi)	ဝိတ်ချသည်	wei' cha. de
dieta (f)	ဒါတ်စာ	da' sa
vitamina (f)	ဗီတာမင်	bi ta min
caloria (f)	ကယ်လိုရီ	ke lou ji
vegetariano (m)	သက်သက်လွတ်စားသူ	the' the' lu' za: dhu
vegetariano (adj)	သက်သက်လွတ်စားသော	the' the' lu' za: de.

gorduras (f pl)	အဆီ	ahsi
proteínas (f pl)	အသားဓာတ်	atha: da'
carboidratos (m pl)	ကစီဓာတ်	ka. zi da'

fatia (~ de limão, etc.)	အချပ်	acha'
pedaço (~ de bolo)	အတုံး	atoun:
migalha (f), farelo (m)	အဝအန	asa an

51. Pratos cozinhados

prato (m)	ဟင်းပွဲ	hin: bwe:
cozinha (~ portuguesa)	အစားအသောက်	asa: athau'
receita (f)	ဟင်းချက်နည်း	hin: gji' ne:
porção (f)	တစ်ယောက်စာဟင်းပွဲ	ti' jau' sa hin: bwe:

| salada (f) | အသုပ် | athou' |
| sopa (f) | စွပ်ပြုတ် | su' pjou' |

caldo (m)	ဟင်းရည်	hin: ji
sanduíche (m)	အသားညှပ်ပေါင်မုန့်	atha: hnja' paun moun.
ovos (m pl) fritos	ကြက်ဥကြော်	kje' u. kjo

| hambúrguer (m) | ဟန်ဘာဂါ | han ba ga |
| bife (m) | အမဲသားတုံး | ame: dha: doun: |

acompanhamento (m)	အရံဟင်း	ajan hin:
espaguete (m)	အီတလီခေါက်ဆွဲ	ita. li khau' hswe:
purê (m) de batata	အာလူးနွားနို့ဖျော်	a luu: nwa: nou. bjo
pizza (f)	ပီဇာ	pi za
mingau (m)	အုတ်ဂျုံယာဂု	ou' gjoun ja gu.
omelete (f)	ကြက်ဥခေါက်ကြော်	kje' u. khau' kjo
fervido (adj)	ပြုတ်ထားသော	pjou' hta: de.
defumado (adj)	ကပ်တင်ထားသော	kja' tin da: de.
frito (adj)	ကြော်ထားသော	kjo da de.
seco (adj)	ခြောက်နေသော	chau' nei de.
congelado (adj)	အေးခဲနေသော	ei: khe: nei de.
em conserva (adj)	သားရည်စိမ်ထားသော	hsa:
doce (adj)	ချိုသော	chou de.
salgado (adj)	ငန်သော	ngan de.
frio (adj)	အေးသော	ei: de.
quente (adj)	ပူသော	pu dho:
amargo (adj)	ခါးသော	kha: de.
gostoso (adj)	အရသာရှိသော	aja. dha shi. de.
cozinhar em água fervente	ပြုတ်သည်	pjou' te
preparar (vt)	ချက်သည်	che' de
fritar (vt)	ကြော်သည်	kjo de
aquecer (vt)	အပူပေးသည်	apu bei: de
salgar (vt)	ဆားထည့်သည်	hsa: hte. de
apimentar (vt)	အစပ်ထည့်သည်	asin hte. dhe
ralar (vt)	ခြစ်သည်	chi' te
casca (f)	အခွံ	akhun
descascar (vt)	အခွံနွာသည်	akhun hnwa de

52. Comida

carne (f)	အသား	atha:
galinha (f)	ကြက်သား	kje' tha:
frango (m)	ကြက်ကလေး	kje' ka, lei:
pato (m)	ဘဲသား	be: dha:
ganso (m)	ဘဲငန်းသား	be: ngan: dha:
caça (f)	တောကောင်သား	to: gaun dha:
peru (m)	ကြက်ဆင်သား	kje' hsin dha:
carne (f) de porco	ဝက်သား	we' tha:
carne (f) de vitela	နွားကလေးသား	nwa: ga. lei: dha:
carne (f) de carneiro	သိုးသား	thou: tha:
carne (f) de vaca	အမဲသား	ame: dha:
carne (f) de coelho	ယုန်သား	joun dha:
linguiça (f), salsichão (m)	ဝက်အူချောင်း	we' u gjaun:
salsicha (f)	အသားချောင်း	atha: gjaun:
bacon (m)	ဝက်ဆားနယ်ခြောက်	we' has: ne gjau'
presunto (m)	ဝက်ပေါင်ခြောက်	we' paun gjau'
pernil (m) de porco	ဝက်ပေါင်ကြက်တို့က်	we' paun gje' tai'
patê (m)	အနှစ်အခဲပျော်	ahni' akhe pjo.

fígado (m)	အသည်း	athe:
guisado (m)	ကြိတ်သား	kjei' tha:
língua (f)	လျှာ	sha

ovo (m)	ဥ	u.
ovos (m pl)	ဥများ	u. mja:
clara (f) de ovo	အကာ	aka
gema (f) de ovo	အနှစ်	ahni'

peixe (m)	ငါး	nga:
mariscos (m pl)	ပင်လယ်အစားအစာ	pin le asa: asa
crustáceos (m pl)	အခွံမာရေနေသတ္တဝါ	akhun ma jei nei dha' ta. wa
caviar (m)	ငါးဥ	nga: u.

caranguejo (m)	ကဏန်း	kanan:
camarão (m)	ပုစွန်	bazun
ostra (f)	ကမာကောင်	kama kaun
lagosta (f)	ကျောက်ပုစွန်	kjau' pu. zun
polvo (m)	ရေဘဝဲသား	jei ba. we: dha:
lula (f)	ပြည်ကြီးငါး	pjei gji: nga:

esturjão (m)	စတာဂျင်ငါး	sata gjin nga:
salmão (m)	ဆော်လမွန်ငါး	hso: la. mun nga:
halibute (m)	ပင်လယ်ငါးကြီးသား	pin le nga: gji: dha:

bacalhau (m)	ငါးကြီးဆီထုတ်သောငါး	nga: gji: zi dou' de. nga:
cavala, sarda (f)	မက်ကရယ်ငါး	me' ka. je nga:
atum (m)	တူနာငါး	tu na nga:
enguia (f)	ငါးရှဉ့်	nga: shin.

truta (f)	ထရောက်ငါး	hta. jau' nga:
sardinha (f)	ငါးသေတ္တာငါး	nga: dhei ta' nga:
lúcio (m)	ပိုက်ငါး	pai' nga
arenque (m)	ငါးသလောက်	nga: dha. lau'

pão (m)	ပေါင်မုန့်	paun moun.
queijo (m)	ဒိန်ခဲ	dain ge:
açúcar (m)	သကြား	dhagja:
sal (m)	ဆား	hsa:

arroz (m)	ဆန်စပါး	hsan zaba
massas (f pl)	အီတာလီခေါက်ဆွဲ	ita. li khau' hswe:
talharim, miojo (m)	ခေါက်ဆွဲ	gau' hswe:

manteiga (f)	ထောပတ်	hto: ba'
óleo (m) vegetal	ဆီ	hsi
óleo (m) de girassol	နေကြာပန်းဆီ	nei gja ban: zi
margarina (f)	ဟင်းရွက်အဆီခဲ	hin: jwe' ahsi khe:

azeitonas (f pl)	သံလွင်သီး	than lun dhi:
azeite (m)	သံလွင်ဆီ	than lun zi

leite (m)	နွားနို့	nwa: nou.
leite (m) condensado	နို့ဆီ	ni. zi
iogurte (m)	ဒိန်ချဉ်	dain gjin
creme (m) azedo	နို့ချဉ်	nou. gjin

creme (m) de leite	မလိုင်	ma. lain
maionese (f)	ဆံပျစ်ပျစ်စားမြန်ရည်	kha' pji' pji' sa: mjein jei
creme (m)	ေထာပတ်မလိုင်	hto: ba' ma. lein
grãos (m pl) de cereais	နှံစားေစ့	nhnan za: zei.
farinha (f)	ဂျုံမှုန့်	gjoun hmoun.
enlatados (m pl)	စည်သွပ်ပုံးများ	si dhwa' bu: mja:
flocos (m pl) de milho	ေပြာင်းဖူးမှုန့်စာန်း	pjaun: bu: moun. zan:
mel (m)	ပျားရည်	pja: je
geleia (m)	ယို	jou
chiclete (m)	ပီေက	pi gei

53. Bebidas

água (f)	ေရ	jei
água (f) potável	ေသာက်ေရ	thau' jei
água (f) mineral	ဓာတ်ဆားရည်	da' hsa: ji
sem gás (adj)	ဂတ်စ်မပါေသာ	ga' s ma. ba de.
gaseificada (adj)	ဂတ်စ်ပါေသာ	ga' s ba de.
com gás	စပါကာလင်	saba ga. lin
gelo (m)	ေရခဲ	jei ge:
com gelo	ေရခဲနှင့်	jei ge: hnin.
não alcoólico (adj)	အယ်ကိုေဟာမပါေသာ	e kou ho: ma. ba de.
refrigerante (m)	အယ်ကိုေဟာမဟုတ်ေသာ ေသာက်စရာ	e kou ho: ma. hou' te. dhau' sa. ja
refresco (m)	အေအး	aei:
limonada (f)	လီမွန်ေဖျာ်ရည်	li mun hpjo ji
bebidas (f pl) alcoólicas	အယ်ကိုေဟာပါဝင် ေသာ ေသာက်စရာ	e kou ho: ba win de. dhau' sa. ja
vinho (m)	ဝိုင်	wain
vinho (m) branco	ဝိုင်ဖြူ	wain gju
vinho (m) tinto	ဝိုင်နီ	wain ni
licor (m)	အရက်ချိုပြင်း	aje' gjou pjin
champanhe (m)	ရှန်ပိန်	shan pein
vermute (m)	ရန့်သင်းေသာေလးစိမ်ဝိုင်	jan dhin: dho: zei: zein wain
uísque (m)	ဝီစကီ	wi sa. gi
vodca (f)	ေဗာ်ကာ	bo ga
gim (m)	ဂျင်	gjin
conhaque (m)	ေကာ်ညက်	ko. nja'
rum (m)	ရမ်	ran
café (m)	ေကာ်ဖီ	ko hpi
café (m) preto	ဘလက်ေကာ်ဖီ	ba. le' ko: phi
café (m) com leite	ေကာ်ဖီနို့ေရာ	ko hpi ni. jo:
cappuccino (m)	ကပူချီနို	ka. pu chi ni.
café (m) solúvel	ေကာ်ဖီမစ်	ko hpi mi'
leite (m)	နွားနို့	nwa: nou.
coquetel (m)	ေကာ့ေတး	ko. dei:

batida (f), milkshake (m)	မစ်ရှိတ်	mi' shei'
suco (m)	အချိုရည်	achou ji
suco (m) de tomate	ခရမ်းချဉ်သီးအချိုရည်	khajan: chan dhi: achou jei
suco (m) de laranja	လိမ္မော်ရည်	limmo ji
suco (m) fresco	အသီးဖျော်ရည်	athi: hpjo je
cerveja (f)	ဘီယာ	bi ja
cerveja (f) clara	အရောင်ဖျော့သောဘီယာ	ajaun bjau. de. bi ja
cerveja (f) preta	အရောင်ရင့်သောဘီယာ	ajaun jin. de. bi ja
chá (m)	လက်ဖက်ရည်	le' hpe' ji
chá (m) preto	လက်ဖက်နက်	le' hpe' ne'
chá (m) verde	လက်ဖက်စိမ်း	le' hpe' sein:

54. Vegetais

vegetais (m pl)	ဟင်းသီးဟင်းရွက်	hin: dhi: hin: jwe'
verdura (f)	ဟင်းခတ်အမွှေးရွက်	hin: ga' ahmwei: jwe'
tomate (m)	ခရမ်းချဉ်သီး	khajan: chan dhi:
pepino (m)	သခွားသီး	thakhwa: dhi:
cenoura (f)	မုန်လာဥနီ	moun la u. ni
batata (f)	အာလူး	a lu:
cebola (f)	ကြက်သွန်နီ	kje' thwan ni
alho (m)	ကြက်သွန်ဖြူ	kje' thwan bju
couve (f)	ဂေါ်ဖီ	go bi
couve-flor (f)	ပန်းဂေါ်ဖီ	pan: gozi
couve-de-bruxelas (f)	ဂေါ်ဖီထုပ်အသေးစား	go bi dou' athei: za:
brócolis (m pl)	ပန်းဂေါ်ဖီအစိမ်း	pan: gozi asein:
beterraba (f)	မုန်လာဥနီလုံး	moun la u. ni loun:
berinjela (f)	ခရမ်းသီး	khajan: dhi:
abobrinha (f)	ဘူးသီး	bu: dhi:
abóbora (f)	ဖရုံသီး	hpa joun dhi:
nabo (m)	တရုတ်မုန်လာဥ	tajou' moun la u.
salsa (f)	တရုတ်နံနံပင်	tajou' nan nan bin
endro, aneto (m)	စမြိတ်ပင်	samjei' pin
alface (f)	ဆလပ်ရွက်	hsa. la' jwe'
aipo (m)	တရုတ်နံနံကြီး	tajou' nan nan gji:
aspargo (m)	ကညွှတ်မာပင်	ka. nju' ma bin
espinafre (m)	ဒေါက်ခွ	dau' khwa.
ervilha (f)	ပဲစေ့	pe: zei.
feijão (~ soja, etc.)	ပဲအမျိုးမျိုး	pe: amjou: mjou:
milho (m)	ပြောင်းဖူး	pjaun: bu:
feijão (m) roxo	ဗိုလ်စားပဲ	bou za: be:
pimentão (m)	ငရုတ်သီး	nga jou' thi:
rabanete (m)	မုန်လာဥသေး	moun la u. dhei:
alcachofra (f)	အာတီရှော	a ti cho.

55. Frutos. Nozes

fruta (f)	အသီး	athi:
maçã (f)	ပန်းသီး	pan: dhi:
pera (f)	သစ်တော်သီး	thi' to dhi:
limão (m)	သံပုယိုသီး	than bu. jou dhi:
laranja (f)	လိမ္မော်သီး	limmo dhi:
morango (m)	စတော်ဘယ်ရီသီး	sato be ri dhi:
tangerina (f)	ပျားလိမ္မော်သီး	pja: lein mo dhi:
ameixa (f)	ဆီးသီး	hsi: dhi:
pêssego (m)	မက်မွန်သီး	me' mwan dhi:
damasco (m)	တရုတ်ဆီးသီး	jau' hsi: dhi:
framboesa (f)	ရတ်စဘယ်ရီ	re' sa be ji
abacaxi (m)	နာနတ်သီး	na na' dhi:
banana (f)	ငှက်ပျောသီး	hnge' pjo: dhi:
melancia (f)	ဖရဲသီး	hpa. je: dhi:
uva (f)	စပျစ်သီး	zabji' thi:
ginja, cereja (f)	ချယ်ရီသီး	che ji dhi:
ginja (f)	ချယ်ရီချဉ်သီး	che ji gjin dhi:
cereja (f)	ချယ်ရီချိုသီး	che ji gjou dhi:
melão (m)	သခွားမွှေးသီး	thakhwa: hmwei: dhi:
toranja (f)	ကရိတ်ဖရဲသီး	ga. ri' hpa. ju dhi:
abacate (m)	ထောပတ်သီး	hto: ba' thi:
mamão (m)	သင်္ဘောသီး	thin: bo: dhi:
manga (f)	သရက်သီး	thaje' thi:
romã (f)	တလည်းသီး	tale: dhi:
groselha (f) vermelha	အနီရောင်ဘယ်ရီသီး	ani jaun be ji dhi:
groselha (f) negra	ဘလက်ကားရန့်	ba. le' ka: jan.
groselha (f) espinhosa	ကာလားဆီးဖြူ	ka. la: his: hpju
mirtilo (m)	ဘီဘယ်ရီအသီး	bi: be ji athi:
amora (f) silvestre	ရှမ်းဆီးသီး	shan: zi: di:
passa (f)	စပျစ်သီးခြောက်	zabji' thi: gjau'
figo (m)	သဖန်းသီး	thahpjan: dhi:
tâmara (f)	စွန်ပလွံသီး	sun palun dhi:
amendoim (m)	မြေပဲ	mjei be:
amêndoa (f)	ဗာဒံသီး	ba dan di:
noz (f)	သစ်ကြားသီး	thi' kja: dhi:
avelã (f)	ဟောဇယ်သီး	ho: ze dhi:
coco (m)	အုန်းသီး	aun. dhi:
pistaches (m pl)	ခွဲမာသီး	khwan ma dhi:

56. Pão. Bolaria

pastelaria (f)	မုန့်ချို	moun. gjou
pão (m)	ပေါင်မုန့်	paun moun.
biscoito (m), bolacha (f)	ဘီစကစ်	bi za. ki'
chocolate (m)	ချောကလက်	cho: ka. le'

de chocolate	ချောကလက်အရသာရှိသော	cho: ka. le' aja. dha shi. de.
bala (f)	သကြားလုံး	dhagja: loun:
doce (bolo pequeno)	ကိတ်	kei'
bolo (m) de aniversário	ကိတ်မုန့်	kei' moun.
torta (f)	ပိုင်မုန့်	pain hmoun.
recheio (m)	သွပ်ထားသောအစာ	thu' hta: dho: asa
geleia (m)	ယို	jou
marmelada (f)	အလွှာပြုလုပ်ထားသော ယို	a htu: bju. lou' hta: de. jou
wafers (m pl)	ဝေဖာ	wei hpa
sorvete (m)	ရေခဲမုန့်	jei ge: moun.
pudim (m)	ပူတင်း	pu tin:

57. Especiarias

sal (m)	ဆား	hsa:
salgado (adj)	ငန်သော	ngan de.
salgar (vt)	ဆားထည့်သည်	hsa: hte. de
pimenta-do-reino (f)	ငရုတ်ကောင်း	nga jou' kaun:
pimenta (f) vermelha	ငရုတ်သီး	nga jou' thi:
mostarda (f)	မုန်ညင်း	moun njin:
raiz-forte (f)	သစေ့ာဒန့်သလွန်	thin: bo: dan. dha lun
condimento (m)	ဟင်းခတ်အမွှန်အမျိုးမျိုး	hin: ga' ahnun. amjou: mjou:
especiaria (f)	ဟင်းခတ်အမွှေးအကြိုင်	hin: ga' ahmwei: akjain
molho (~ inglês)	ဆော့	hso.
vinagre (m)	ရှာလကာရည်	sha la. ga je
anis estrelado (m)	စမုန်စပါးပင်	samoun zaba: bin
manjericão (m)	ပင်စိမ်း	pin zein:
cravo (m)	လေးညှင်း	lei: hnjin:
gengibre (m)	ဂျင်း	gjin:
coentro (m)	နံနံပင်	nan nan bin
canela (f)	သစ်ကြံပိုးခေါက်	thi' kjan bou: gau'
gergelim (m)	နှမ်း	hnan:
folha (f) de louro	ကရဝေးရွက်	ka ja wei: jwe'
páprica (f)	ပန်းငရုတ်မှုန့်	pan: nga. jou' hnoun.
cominho (m)	ကရဝေး	ka. ja. wei:
açafrão (m)	ကုံကုမံ	koun kou man

INFORMAÇÃO PESSOAL. FAMÍLIA

58. Informação pessoal. Formulários

nome (m)	အမည်	amji
sobrenome (m)	မိသားစုအမည်	mi. dha: zu. amji
data (f) de nascimento	မွေးနေ့	mwei; nei,
local (m) de nascimento	မွေးရပ်	mwer: ja'
nacionalidade (f)	လူမျိုး	lu mjou:
lugar (m) de residência	နေရပ်ဒေသ	nei ja' da. dha.
país (m)	နိုင်ငံ	nain ngan
profissão (f)	အလုပ်အကိုင်	alou' akain
sexo (m)	လိင်	lin
estatura (f)	အရပ်	aja'
peso (m)	ကိုယ်အလေးချိန်	kou alei: chain

59. Membros da família. Parentes

mãe (f)	အမေ	amei
pai (m)	အဖေ	ahpei
filho (m)	သား	tha:
filha (f)	သမီး	thami:
caçula (f)	သမီးအငယ်	thami: ange
caçula (m)	သားအငယ်	tha: ange
filha (f) mais velha	သမီးအကြီး	thami: akji:
filho (m) mais velho	သားအကြီး	tha: akji:
irmão (m)	ညီအစ်ကို	nji a' kou
irmão (m) mais velho	အစ်ကို	akou
irmão (m) mais novo	ညီ	nji
irmã (f)	ညီအစ်မ	nji a' ma
irmã (f) mais velha	အစ်မ	ama.
irmã (f) mais nova	ညီမ	nji ma.
primo (m)	ဝမ်းကွဲအစ်ကို	wan: kwe: i' kou
prima (f)	ဝမ်းကွဲညီမ	wan: kwe: nji ma.
mamãe (f)	မေမေ	mei mei
papai (m)	ဖေဖေ	hpei hpei
pais (pl)	မိဘတွေ	mi. ba. dwei
criança (f)	ကလေး	kalei:
crianças (f pl)	ကလေးများ	kalei: mja:
avó (f)	အဘွား	ahpwa
avô (m)	အဘိုး	ahpou:

neto (m)	မြေး	mjei:
neta (f)	မြေးမ	mjei: ma.
netos (pl)	မြေးများ	mjei: mja:
tio (m)	ဦးလေး	u: lei:
tia (f)	အဒေါ်	ado
sobrinho (m)	တူ	tu
sobrinha (f)	တူမ	tu ma.
sogra (f)	ယောက္ခမ	jau' khama.
sogro (m)	ယောက္ခထီး	jau' khadi:
genro (m)	သားမက်	tha: me'
madrasta (f)	မိထွေး	mi. dwei:
padrasto (m)	ပထွေး	pahtwei:
criança (f) de colo	နို့စို့ကလေး	nou. zou. galei:
bebê (m)	ကလေးငယ်	kalei: nge
menino (m)	ကလေး	kalei:
mulher (f)	မိန်းမ	mein: ma.
marido (m)	ယောက်ျား	jau' kja:
esposo (m)	ခင်ပွန်း	khin bun:
esposa (f)	ဇနီး	zani:
casado (adj)	မိန်းမရှိသော	mein: ma. shi. de.
casada (adj)	ယောက်ျားရှိသော	jau' kja: shi de
solteiro (adj)	လူလွတ်ဖြစ်သော	lu lu' hpji te.
solteirão (m)	လူပျို	lu bjou
divorciado (adj)	တစ်ခုလပ်ဖြစ်သော	ti' khu. la' hpji' te.
viúva (f)	မုဆိုးမ	mu. zou: ma.
viúvo (m)	မုဆိုးဖို	mu. zou: bou
parente (m)	ဆွေမျိုး	hswe mjou:
parente (m) próximo	ဆွေမျိုးရင်းချာ	hswe mjou: jin: gja
parente (m) distante	ဆွေမျိုးနီးစပ်	hswe mjou: ni: za'
parentes (m pl)	မွေးချင်းများ	mwei: chin: mja:
órfão (m), órfã (f)	မိဘမဲ့	mi. ba me.
órfão (m)	မိဘမဲ့ကလေး	mi. ba me. ga lei:
órfã (f)	မိဘမဲ့ကလေးမ	mi. ba me. ga lei: ma
tutor (m)	အုပ်ထိန်းသူ	ou' htin: dhu
adotar (um filho)	သားအဖြစ်မွေးစားသည်	tha: ahpji' mwei: za: de
adotar (uma filha)	သမီးအဖြစ်မွေးစားသည်	thami: ahpji' mwei: za: de

60. Amigos. Colegas de trabalho

amigo (m)	သူငယ်ချင်း	thu nge gjin:
amiga (f)	မိန်းကလေးသူငယ်ချင်း	mein: galei: dhu nge gjin:
amizade (f)	ခင်မင်ရင်းနှီးမှု	khin min jin: ni: hmu.
ser amigos	ခင်မင်သည်	khin min de
amigo (m)	အပေါင်းအသင်း	apaun: athin:
amiga (f)	အပေါင်းအသင်း	apaun: athin:
parceiro (m)	လုပ်ဖော်ကိုင်ဖက်	lou' hpo kain be'

chefe (m)	အကြီးအကဲ	akji: ake:
superior (m)	အထက်လူကြီး	a hte' lu gji:
proprietário (m)	ပိုင်ရှင်	pain shin
subordinado (m)	လက်အောက်ခံအမှုထမ်း	le' au' khan ahmu. htan:
colega (m, f)	လုပ်ဖော်ကိုင်ဖက်	lou' hpo kain be'
conhecido (m)	အကျွမ်းဝင်မှု	akjwan: win hmu.
companheiro (m) de viagem	ခရီးဖော်	khaji: bo
colega (m) de classe	တစ်တန်းတည်းသား	ti' tan: de: dha:
vizinho (m)	အိမ်နီးနားချင်း	ein ni: na: gjin:
vizinha (f)	မိန်းကလေးအိမ်နီးနားချင်း	mein: galei: ein: ni: na: gjin:
vizinhos (pl)	အိမ်နီးနားချင်းများ	ein ni: na: gjin: mja:

CORPO HUMANO. MEDICINA

61. Cabeça

cabeça (f)	ခေါင်း	gaun:
rosto, cara (f)	မျက်နှာ	mje' hna
nariz (m)	နှာခေါင်း	hna gaun:
boca (f)	ပါးစပ်	pa: zi'

olho (m)	မျက်စိ	mje' si.
olhos (m pl)	မျက်စိများ	mje' si. mja:
pupila (f)	သူငယ်အိမ်	thu nge ein
sobrancelha (f)	မျက်ခုံး	mje' khoun:
cílio (f)	မျက်တောင်	mje' taun
pálpebra (f)	မျက်ခွံ	mje' khwan

língua (f)	လျှာ	sha
dente (m)	သွား	thwa:
lábios (m pl)	နှုတ်ခမ်း	hna' khan:
maçãs (f pl) do rosto	ပါးရိုး	pa: jou:
gengiva (f)	သွားဖုံး	thwahpoun:
palato (m)	အာခေါင်	a gaun

narinas (f pl)	နှာခေါင်းပေါက်	hna gaun: bau'
queixo (m)	မေးစေ့	mei: zei.
mandíbula (f)	မေးရိုး	mei: jou:
bochecha (f)	ပါး	pa:

testa (f)	နဖူး	na. hpu:
têmpora (f)	နားထင်	na: din
orelha (f)	နားရွက်	na: jwe'
costas (f pl) da cabeça	နောက်စေ့	nau' sei.
pescoço (m)	လည်ပင်း	le bin:
garganta (f)	လည်ချောင်း	le gjaun:

cabelo (m)	ဆံပင်	zabin
penteado (m)	ဆံပင်ပုံစံ	zabin boun zan
corte (m) de cabelo	ဆံပင်ညှပ်သည့်ပုံစံ	zabin hnja' thi. boun zan
peruca (f)	ဆံပင်တု	zabin du.

bigode (m)	နှုတ်ခမ်းမွေး	hnou' khan: hmwei:
barba (f)	မုတ်ဆိတ်မွေး	mou' hsei' hmwei:
ter (~ barba, etc.)	အရှည်ထားသည်	ashei hta: de
trança (f)	ကျဆံမြီး	kji' zan mji:
suíças (f pl)	ပါးသိုင်းမွေး	pa: dhain: hmwei:

ruivo (adj)	ဆံပင်အနီရောင်ရှိသော	zabin ani jaun shi. de
grisalho (adj)	အရောင်ဖျော့သော	ajaun bjo. de.
careca (adj)	ထိပ်ပြောင်သော	htei' pjaun de.
calva (f)	ဆံပင်ကျွတ်နေသောနေရာ	zabin kju' nei dho nei ja

rabo-de-cavalo (m) မြင်းမြီးပုံစံဆံပင် mjin: mji: boun zan zan bin
franja (f) ဆံရပ် hsaji'

62. Corpo humano

mão (f)	လက်	le'
braço (m)	လက်မောင်း	le' maun:

dedo (m)	လက်ချောင်း	le' chaun:
dedo (m) do pé	ခြေချောင်း	chei gjaun:
polegar (m)	လက်မ	le' ma
dedo (m) mindinho	လက်သန်း	le' than:
unha (f)	လက်သည်းခွံ	le' the: dou' tan zin:

punho (m)	လက်သီး	le' thi:
palma (f)	လက်ဝါး	le' wa:
pulso (m)	လက်ကောက်ဝတ်	le' kau' wa'
antebraço (m)	လက်ဖျံ	le' hpjan
cotovelo (m)	တံတောင်ဆစ်	daduan zi'
ombro (m)	ပခုံး	pakhoun:

perna (f)	ခြေထောက်	chei htau'
pé (m)	ခြေထောက်	chei htau'
joelho (m)	ဒူး	du:
panturrilha (f)	ခြေသလုံးကြွက်သား	chei dha. loun: gjwe' dha:
quadril (m)	တင်ပါး	tin ba:
calcanhar (m)	ခြေဖနောင့်	chei ba. naun.

corpo (m)	ခန္ဓာကိုယ်	khan da kou
barriga (f), ventre (m)	ဗိုက်	bai'
peito (m)	ရင်ဘတ်	jin ba'
seio (m)	နို့	nou.
lado (m)	နံပါး	nan ba:
costas (dorso)	ကျော	kjo:
região (f) lombar	ခါးအောက်ပိုင်း	kha: au' pain:
cintura (f)	ခါး	kha:

umbigo (m)	ချက်	che'
nádegas (f pl)	တင်ပါး	tin ba:
traseiro (m)	နောက်ပိုင်း	nau' pain:

sinal (m), pinta (f)	မှဲ့	hme.
sinal (m) de nascença	မွေးရာပါအမှတ်	mwei: ja ba ahma'
tatuagem (f)	တက်တူး	te' tu:
cicatriz (f)	အမာရွတ်	ama ju'

63. Doenças

doença (f)	ရောဂါ	jo: ga
estar doente	ဖျားနာသည်	hpa: na de
saúde (f)	ကျန်းမာရေး	kjan: ma jei:
nariz (m) escorrendo	နှာစေးခြင်း	hna zei: gjin:

amigdalite (f)	အာသီးရောင်ခြင်း	a sha. jaun gjin:
resfriado (m)	အအေးမိခြင်း	aei: mi. gjin:
ficar resfriado	အအေးမိသည်	aei: mi. de
bronquite (f)	ရောင်းဆိုးရင်ကျပ်နာ	gaun: ou: jin gja' na
pneumonia (f)	အဆုတ်ရောင်ရောဂါ	ahsou' jaun jo: ga
gripe (f)	တုပ်ကွေး	tou' kwei:
míope (adj)	အဝေးမှုန်သော	awei: hmun de.
presbita (adj)	အနီးမှုန်	ani: hmoun
estrabismo (m)	မျက်စိစွေခြင်း	mje' zi. zwei gjin:
estrábico, vesgo (adj)	မျက်စိစွေသော	mje' zi. zwei de.
catarata (f)	နာမကျန်းဖြစ်ခြင်း	na. ma. gjan: bji' chin:
glaucoma (m)	ရေတိမ်	jei dein
AVC (m), apoplexia (f)	လေသင်တုန်းဖြတ်ခြင်း	lei dhin doun: bja' chin:
ataque (m) cardíaco	နှလုံးဖောက်ပြန်မှု	hnaloun: bau' bjan hmu.
enfarte (m) do miocárdio	နှလုံးကြွက်သားပုပ်ခြင်း	hnaloun: gjwe' tha: bou' chin:
paralisia (f)	သွေးခြောပါဒ	thwe' cha ba da.
paralisar (vt)	ဆိုင်းတွသွားသည်	hsain: dwa dhwa: de
alergia (f)	မတည့်ခြင်း	ma. de. gjin:
asma (f)	ပန်းနာ	pan: na
diabetes (f)	ဆီးချိုရောဂါ	hsi: gjou jau ba
dor (f) de dente	သွားကိုက်ခြင်း	thwa: kai' chin:
cárie (f)	သွားပိုးစားခြင်း	thwa: pou: za: gjin:
diarreia (f)	ဝမ်းလျှောခြင်း	wan: sho gjin:
prisão (f) de ventre	ဝမ်းချုပ်ခြင်း	wan: gjou' chin:
desarranjo (m) intestinal	ဗိုက်နာခြင်း	bai' na gjin:
intoxicação (f) alimentar	အစာအဆိပ်သင့်ခြင်း	asa: ahsei' thin. gjin:
intoxicar-se	အစားမှားခြင်း	asa: hma: gjin:
artrite (f)	အဆစ်ရောင်နာ	ahsi' jaun na
raquitismo (m)	အရိုးပျော့နာ	ajou: bjau. na
reumatismo (m)	ဒူလာ	du la
arteriosclerose (f)	နှလုံးသွေးကြော အဆီပိတ်ခြင်း	hna. loun: twei: kjau ahsi pei' khin:
gastrite (f)	အစာအိမ်ရောင်ရမ်းနာ	asa: ein jaun jan: na
apendicite (f)	အူအတက်ရောင်ခြင်း	au hte' jaun gjin:
colecistite (f)	သည်းခြေပြန်ရောင်ခြင်း	thi: gjei bjun jaun gjin:
úlcera (f)	ဖောင့်ခွက်နာ	hpe' khwe' na
sarampo (m)	ဝက်သက်	we' the'
rubéola (f)	ဂျုက်သိုး	gjou' thou:
icterícia (f)	အသားဝါရောဂါ	atha: wa jo: ga
hepatite (f)	အသည်းရောင်ရောဂါ	athe: jaun jau ba
esquizofrenia (f)	စိတ်ကစဉ့်ကလျားရောဂါ	sei' ga. zin. ga. lja: jo: ga
raiva (f)	ခွေးရူးပြန်ရောဂါ	khwei: ju: bjan jo: ba
neurose (f)	စိတ်မှုမမှန်ခြင်း	sei' mu ma. hman gjin:
contusão (f) cerebral	ဦးနှောက်ထိခိုက်ခြင်း	oun: hnau' hti. gai' chin:
câncer (m)	ကင်ဆာ	kin hsa
esclerose (f)	အသားမျှင်ခက် မာသွားခြင်း	atha: hmjin kha' ma dwa: gjin:

esclerose (f) múltipla	အာရုံကြောပျက်စီး ရောဂါးသည့်ရောဂါ	a joun gjo: bje' si: jaun jan: dhi. jo: ga
alcoolismo (m)	အရက်နာစွဲခြင်း	aje' na zwe: gjin:
alcoólico (m)	အရက်သမား	aje' dha. ma:
sífilis (f)	ဆစ်ဖလစ်ကာလသားရောဂါ	his' hpa. li' ka la. dha: jo: ba
AIDS (f)	ကိုယ်ခံအားကျကူးစက်ရောဂါ	kou khan a: kja ku: za' jau ba
tumor (m)	အသားပို	atha: pou
maligno (adj)	ကင်ဆာဖြစ်နေသော	kin hsa bji' nei de.
benigno (adj)	ပြန့်ပွါးခြင်းမရှိသော	pjan. bwa: gjin: ma. shi. de.
febre (f)	အဖျားတက်ရောဂါ	ahpja: de' jo: ga
malária (f)	ငှက်ဖျားရောဂါ	hnge' hpja: jo: ba
gangrena (f)	ဂင်ဂရိန်းရောဂါ	gan ga. ji na jo: ba
enjoo (m)	လှိုင်းမူးခြင်း	hlain: mu: gjin:
epilepsia (f)	ဝက်ရူးပြန်ရောဂါ	we' ju: bjan jo: ga
epidemia (f)	ကပ်ရောဂါ	ka' jo ba
tifo (m)	တိုက်ဖွိုက်ရောဂါ	tai' hpai' jo: ba
tuberculose (f)	တီဗီရောဂါ	ti bi jo: ba
cólera (f)	ကာလဝမ်းရောဂါ	ka la. wan: jau ga
peste (f) bubônica	ကပ်ဆိုး	ka' hsou:

64. Sintomas. Tratamentos. Parte 1

sintoma (m)	လက္ခဏာ	le' khana
temperatura (f)	အပူချိန်	apu gjein
febre (f)	ကိုယ်အပူချိန်တက်	kou apu chain de'
pulso (m)	သွေးခုန်နှုန်း	thwei: khoun hnan:
vertigem (f)	မူးနောက်ခြင်း	mu: nau' chin:
quente (testa, etc.)	ပူသော	pu dho:
calafrio (m)	တုန်ခြင်း	toun gjin:
pálido (adj)	ဖြူရော်သော	hpju jo de.
tosse (f)	ချောင်းဆိုးခြင်း	gaun: zou: gjin:
tossir (vi)	ချောင်းဆိုးသည်	gaun: zou: de
espirrar (vi)	နှာချေသည်	hna gjei de
desmaio (m)	အားနည်းခြင်း	a: ne: gjin:
desmaiar (vi)	သတိလစ်သည်	dhadi. li' te
mancha (f) preta	ပွန်းပဲ့ဒဏ်ရာ	pun: be. dan ja
galo (m)	ဆောင့်မိခြင်း	hsaun. mi. gjin:
machucar-se (vr)	ဆောင့်မိသည်	hsaun. mi. de.
contusão (f)	ပွန်းပဲ့ဒဏ်ရာ	pun: be. dan ja
machucar-se (vr)	ပွန်းပဲ့ဒဏ်ရာရသည်	pun: be. dan ja ja. de
mancar (vi)	ထော့နဲ့ထော့နဲ့လျှောက်သည်	hto. ne. hto. ne. shau' te
deslocamento (f)	အဆစ်လွဲခြင်း	ahsi' lwe: gjin:
deslocar (vt)	အဆစ်လွဲသည်	ahsi' lwe: de
fratura (f)	ကျိုးအက်ခြင်း	kjou: e' chin:
fraturar (vt)	ကျိုးအက်သည်	kjou: e' te
corte (m)	ရသည်	sha. de
cortar-se (vr)	ရမိသည်	sha. mi. de

hemorragia (f)	သွေးထွက်ခြင်း	thwei: htwe' chin:
queimadura (f)	မီးလောင်သည့်ဒက်ရာ	mi: laun de. dan ja
queimar-se (vr)	မီးလောင်ဒက်ရာရသည်	mi: laun dan ja ja. de

picar (vt)	ဖောက်သည်	hpau' te
picar-se (vr)	ကိုယ်တိုင်ဖောက်သည်	kou tain hpau' te
lesionar (vt)	ထိခိုက်ဒက်ရာရသည်	hti. gai' dan ja ja. de
lesão (m)	ထိခိုက်ဒက်ရာ	hti. gai' dan ja
ferida (f), ferimento (m)	ဒက်ရာ	dan ja
trauma (m)	စိတ်ဒက်ရာ	sei' dan ja

delirar (vi)	ကယောင်ကတမ်းဖြစ်သည်	kajaun ka dan: bi' te
gaguejar (vi)	တုံ့နေးတုံ့နေးဖြစ်သည်	toun. hnei: toun. hnei: bji' te
insolação (f)	အပူလျှပ်ခြင်း	apu hlja' chin

65. Sintomas. Tratamentos. Parte 2

dor (f)	နာကျင်မှု	na gjin hmu.
farpa (no dedo, etc.)	ပွဲထွက်သောအစ	pe. dwe' tho: asa.

suor (m)	ချွေး	chwei:
suar (vi)	ချွေးထွက်သည်	chwei: htwe' te
vômito (m)	အန်ခြင်း	an gjin:
convulsões (f pl)	အကြောလိုက်ခြင်း	akjo: lai' chin:

grávida (adj)	ကိုယ်ဝန်ဆောင်ထားသော	kou wun hsaun da: de.
nascer (vi)	မွေးဖွားသည်	mwei: bwa: de
parto (m)	မီးဖွားခြင်း	mi: bwa: gjin:
dar à luz	မီးဖွားသည်	mi: bwa: de
aborto (m)	ကိုယ်ဝန်ဖျက်ချရှင်း	kou wun hpje' cha chin:

respiração (f)	အသက်ရှူခြင်း	athe' shu gjin:
inspiração (f)	ဝင်လေ	win lei
expiração (f)	ထွက်လေ	htwe' lei
expirar (vi)	အသက်ရှူထုတ်သည်	athe' shu dou' te
inspirar (vi)	အသက်ရှူသွင်းသည်	athe' shu dhwin: de

inválido (m)	ကိုယ်အင်္ဂါမသန်စွမ်းသူ	kou an ga ma. dhan swan: dhu
aleijado (m)	မသန်မစွမ်းသူ	ma. dhan ma. zwan dhu
drogado (m)	ဆေးစွဲသူ	hsei: zwe: dhu

surdo (adj)	နားမကြားသော	na: ma. gja: de.
mudo (adj)	ဆွံ့အသော	hsun. ade.
surdo-mudo (adj)	ဆွံ့အ နားမကြားသူ	hsun. ana: ma. gja: dhu

louco, insano (adj)	စိတ်မနှံ့သော	sei' ma. hnan. de.
louco (m)	စိတ်မနှံ့သူ	sei' ma. hnan. dhu
louca (f)	စိတ်ဝေဒနာရှင် မိန်းကလေး	sei' wei da. na shin mein: ga. lei:
ficar louco	ရူးသွပ်သည်	ju: dhu' de

gene (m)	မျိုးရိုးဗီဇ	mjou: jou: bi za.
imunidade (f)	ကိုယ်ခံအား	kou gan a:

hereditário (adj)	မျိုးရိုးလိုက်သော	mjou: jou: lou' te.
congênito (adj)	မွေးရာပါဖြစ်သော	mwei: ja ba bji' te.
vírus (m)	ဗိုင်းရပ်ပိုးများ	bain: ja' pou: hmwa:
micróbio (m)	အကောင်ငယ်ရပ်	anu zi wa. jou'
bactéria (f)	ဘက်တီးရီးယားပိုး	be' ti: ji: ja: bou:
infecção (f)	ရောဂါကူးစက်မှု	jo ga gu: ze' hmu.

66. Sintomas. Tratamentos. Parte 3

hospital (m)	ဆေးရုံ	hsei: joun
paciente (m)	လူနာ	lu na
diagnóstico (m)	ရောဂါစစ်ဆေးခြင်း	jo ga zi' hsei: gjin:
cura (f)	ဆေးကုထုံး	hsei: ku. doun:
tratamento (m) médico	ဆေးဝါးကုသမှု	hsei: wa: gu. dha. hmu.
curar-se (vr)	ဆေးကုသမှုခံယူသည်	hsei: ku. dha. hmu. dha de
tratar (vt)	ပြုစုသည်	pju. zu. de
cuidar (pessoa)	ပြုစုစောင့်ရောက်သည်	pju. zu. zaun. shau' te
cuidado (m)	ပြုစုစောင့်ရောက်ခြင်း	pju. zu. zaun. shau' chin:
operação (f)	ခွဲစိတ်ကုသခြင်း	khwe: zei' ku. dha. hin:
enfaixar (vt)	ပတ်တီးစည်းသည်	pa' ti: ze: de
enfaixamento (m)	ပတ်တီးစည်းခြင်း	pa' ti: ze: gjin:
vacinação (f)	ကာကွယ်ဆေးထိုးခြင်း	ka gwe hsei: dou: gjin:
vacinar (vt)	ကာကွယ်ဆေးထိုးသည်	ka gwe hsei: dou: de
injeção (f)	ဆေးထိုးခြင်း	hsei: dou: gjin:
dar uma injeção	ဆေးထိုးသည်	hsei: dou: de
ataque (~ de asma, etc.)	ရောဂါ ရုတ်တရက်ကျရောက်ခြင်း	jo ga jou' ta. je' kja. jau' chin:
amputação (f)	ဖြတ်တောက်ကုသခြင်း	hpja' tau' ku. dha gjin:
amputar (vt)	ဖြတ်တောက်ကုသသည်	hpja' tau' ku. dha de
coma (f)	မေ့မြောခြင်း	mei. mjo: gjin:
estar em coma	မေ့မြောသည်	mei. mjo: de
reanimação (f)	အစွမ်းကုန်ပြုပြုခြင်း	aswan: boun bju. zu. bjin:
recuperar-se (vr)	ရောဂါသက်သာလာသည်	jo ga dhe' tha la de
estado (~ de saúde)	ကျန်းမာရေးအခြေအနေ	kjan: ma jei: achei a nei
consciência (perder a ~)	ပြန်လည်သတိရလာခြင်း	pjan le dhadi. ja. la. gjin:
memória (f)	မှတ်ဉာဏ်	hma' njan
tirar (vt)	နုတ်သည်	hna' te
obturação (f)	သွားပေါက်ဖာဆေးမှု	thwa: bau' hpa dei: hmu.
obturar (vt)	ဖာသည်	hpa de
hipnose (f)	အိပ်မွေ့ချခြင်း	ei' mwei. gja. gjin:
hipnotizar (vt)	အိပ်မွေ့ချသည်	ei' mwei. gja. de

67. Medicina. Drogas. Acessórios

medicamento (m)	ဆေးဝါး	hsei: wa:
remédio (m)	ကုသခြင်း	ku. dha. gjin:

receitar (vt)	ဆေးအညွှန်းပေးသည်	hsa: ahnjun: bwe: de
receita (f)	ဆေးညွှန်း	hsei: hnjun:
comprimido (m)	ဆေးပြား	hsei: bja:
unguento (m)	လိမ်းဆေး	lein: zei:
ampola (f)	လေလုံဖန်ပုလင်းငယ်	lei loun ban bu. lin: nge
solução, preparado (m)	စပ်ဆေးရည်	sa' ei: je
xarope (m)	ဖျော်ရည်ဆီ	hpjo jei zi
cápsula (f)	ဆေးတောင့်	hsei: daun.
pó (m)	အမှုန့်	ahmoun.
atadura (f)	ပတ်တီး	pa' ti:
algodão (m)	ဂွမ်းလိပ်	gwan: lei'
iodo (m)	တင်ဂျာအိုင်ဒင်း	tin gja ein din:
curativo (m) adesivo	ပလာစတာ	pa. la sata
conta-gotas (m)	မျက်စဉ်းခတ်ကိရိယာ	mje' zin: ba' ki. ji. ja
termômetro (m)	အပူချိန်တိုင်းကိရိယာ	apu gjein dain: gi. ji. ja
seringa (f)	ဆေးထိုးပြွန်	hsei: dou: bju'
cadeira (f) de rodas	ဘီးတပ်ကုလားထိုင်	bi: da' ku. la: dain
muletas (f pl)	ချိုင်းထောက်	chain: dau'
analgésico (m)	အကိုက်အခဲပျောက်ဆေး	akai' akhe: pjau' hsei:
laxante (m)	ဝမ်းနုတ်ဆေး	wan: hnou' hsei:
álcool (m)	အရက်ပြန်	aje' pjan
ervas (f pl) medicinais	ဆေးဖက်ဝင်အပင်များ	hsei: hpa' win apin mja:
de ervas (chá ~)	ဆေးဖက်ဝင်အပင် နှင့်ဆိုင်သော	hsei: hpa' win apin hnin. zain de.

APARTAMENTO

68. Apartamento

apartamento (m)	တိုက်ခန်း	tai' khan:
quarto, cômodo (m)	အခန်း	akhan:
quarto (m) de dormir	အိပ်ခန်း	ei' khan:
sala (f) de jantar	ထမင်းစားခန်း	htamin: za: gan:
sala (f) de estar	ဧည့်ခန်း	e. gan:
escritório (m)	အိမ်တွင်းရုံးခန်းလေး	ein dwin: joun: gan: lei:
sala (f) de entrada	ဝင်ပေါက်	win bau'
banheiro (m)	ရေချိုးခန်း	jei gjou gan:
lavabo (m)	အိမ်သာ	ein dha
teto (m)	မျက်နှာကြက်	mje' hna gje'
chão, piso (m)	ကြမ်းပြင်	kan: pjin
canto (m)	ထောင့်	htaun.

69. Mobiliário. Interior

mobiliário (m)	ပရိဘောဂ	pa ri. bo: ga.
mesa (f)	စားပွဲ	sa: bwe:
cadeira (f)	ကုလားထိုင်	kala: dain
cama (f)	ကုတင်	ku din
sofá, divã (m)	ဆိုဖာ	hsou hpa
poltrona (f)	လက်တင်ပါသောကုလားထိုင်	le' tin ba dho: ku. la: dain
estante (f)	စာအုပ်စင်	sa ou' sin
prateleira (f)	စင်	sin
guarda-roupas (m)	ဗီရို	bi jou
cabide (m) de parede	နံရံကပ်အဝတ်ချိတ်စင်	nan jan ga' awu' gei' zin
cabideiro (m) de pé	အဝတ်ချိတ်စင်	awu' gjei' sin
cômoda (f)	အံဆွဲပါ မှန်တင်ခုံ	an. zwe: pa hman din khoun
mesinha (f) de centro	စားပွဲပု	sa: bwe: bu.
espelho (m)	မှန်	hman
tapete (m)	ကော်ဇော	ko zo:
tapete (m) pequeno	ကော်ဇော	ko zo:
lareira (f)	မီးလင်းဖို	mi: lin: bou
vela (f)	ဖယောင်းတိုင်	hpa. jaun dain
castiçal (m)	ဖယောင်းတိုင်စိုက်သောတိုင်	hpa. jaun dain zou' tho dain
cortinas (f pl)	ခန်းဆီးရှည်	khan: zi: shei
papel (m) de parede	နံရံကပ်စက္ကူ	nan jan ga' se' ku

persianas (f pl)	ယင်းလိပ်	jin: lei'
luminária (f) de mesa	စားပွဲတင်မီးအိမ်	sa: bwe: din mi: ein
luminária (f) de parede	နံရံကပ်မီး	nan jan ga' mi:
abajur (m) de pé	မတ်တပ်မီးစငလောင်း	ma' ta' mi: za. laun:
lustre (m)	မီးပန်းဆိုင်း	mi: ban: zain:
pé (de mesa, etc.)	ခြေထောက်	chei htau'
braço, descanso (m)	လက်တန်း	le' tan:
costas (f pl)	နောက်မှီ	nau' mi
gaveta (f)	အံဆွဲ	an. zwe:

70. Quarto de dormir

roupa (f) de cama	အိပ်ရာခင်းများ	ei' ja khin: mja:
travesseiro (m)	ခေါင်းအုံး	gaun: oun:
fronha (f)	ခေါင်းအုံးစွပ်	gaun: zu'
cobertor (m)	စောင်	saun
lençol (m)	အိပ်ရာခင်း	ei' ja khin:
colcha (f)	အိပ်ရာဖုံး	ei' ja hpoun:

71. Cozinha

cozinha (f)	မီးဖိုခန်း	mi: bou gan:
gás (m)	ဓာတ်ငွေ့	da' ngwei.
fogão (m) a gás	ဂတ်စ်မီးဖို	ga' s mi: bou
fogão (m) elétrico	လျှပ်စစ်မီးဖို	hlja' si' si: bou
forno (m)	မုန့်ဖုတ်ရန်ဖို	moun. bou' jan bou
forno (m) de micro-ondas	မိုက်ခရိုဝေ့ဖ်	mou' kha. jou wei. b
geladeira (f)	ရေခဲသေတ္တာ	je ge: dhi' ta
congelador (m)	ရေခဲခန်း	jei ge: gan:
máquina (f) de lavar louça	ပန်းကန်ဆေးစက်	bagan: zei: ze'
moedor (m) de carne	အသားကြိတ်စက်	atha: kjei' za'
espremedor (m)	အသီးဖျော်စက်	athi: hpjo ze'
torradeira (f)	ပေါင်မုန့်ကင်စက်	paun moun. gin ze'
batedeira (f)	မွှေစက်	hmwei ze'
máquina (f) de café	ကော်ဖီဖျော်စက်	ko hpi hpjo ze'
cafeteira (f)	ကော်ဖီအိုး	ko hpi ou:
moedor (m) de café	ကော်ဖီကြိတ်စက်	ko hpi kjei ze'
chaleira (f)	ရေနွေးကရားအိုး	jei nwei: gaja: ou:
bule (m)	လက်ဘက်ရည်အိုး	le' be' ji ou:
tampa (f)	အိုးအဖုံး	ou: ahpoun:
coador (m) de chá	လက်ဖက်ရည်စစ်	le' hpe' ji zi'
colher (f)	ဇွန်း	zun:
colher (f) de chá	လက်ဖက်ရည်ဇွန်း	le' hpe' ji zwan:
colher (f) de sopa	အရည်သောက်ဇွန်း	aja: dhau' zun:
garfo (m)	ခက်ရင်း	khajin:
faca (f)	ဓား	da:

louça (f)	အိုးခွက်ပန်းကန်	ou: kwe' pan: gan
prato (m)	ပန်းကန်ပြား	bagan: bja:
pires (m)	အောက်ခံပန်းကန်ပြား	au' khan ban: kan pja:
cálice (m)	ဖန်ခွက်	hpan gwe'
copo (m)	ဖန်ခွက်	hpan gwe'
xícara (f)	ခွက်	khwe'
açucareiro (m)	သကြားခွက်	dhagja: khwe'
saleiro (m)	ဆားဘူး	hsa bu:
pimenteiro (m)	ငြုတ်ကောင်းဘူး	njou' kaun: bu:
manteigueira (f)	ထောပတ်ခွက်	hto: ba' khwe'
panela (f)	ပေါင်းအိုး	paun: ou:
frigideira (f)	ဟင်းကြော်အိုး	hin: gjo ou:
concha (f)	ဟင်းခပ်ဇွန်း	hin: ga' zun
coador (m)	ဆန်ခါ	zaga
bandeja (f)	လင်ပန်း	lin ban:
garrafa (f)	ပုလင်း	palin:
pote (m) de vidro	ဖန်ဘူး	hpan bu:
lata (~ de cerveja)	သံဘူး	than bu:
abridor (m) de garrafa	ပုလင်းဖောက်တံ	pu. lin: bau' tan
abridor (m) de latas	သံဘူးဖောက်တံ	than bu: bau' tan
saca-rolhas (m)	ဝက်အူဖောက်တံ	we' u bau' dan
filtro (m)	ရေစစ်	jei zi'
filtrar (vt)	စစ်သည်	si' te
lixo (m)	အမှိုက်	ahmai'
lixeira (f)	အမှိုက်ပုံး	ahmai' poun:

72. Casa de banho

banheiro (m)	ရေချိုးခန်း	jei gjou gan:
água (f)	ရေ	jei
torneira (f)	ရေပိုက်ခေါင်း	jei bai' khaun:
água (f) quente	ရေပူ	jei bu
água (f) fria	ရေအေး	jei ei:
pasta (f) de dente	သွားတိုက်ဆေး	thwa: tai' hsei:
escovar os dentes	သွားတိုက်သည်	thwa: tai' te
escova (f) de dente	သွားတိုက်တံ	thwa: tai' tan
barbear-se (vr)	ရိတ်သည်	jei' te
espuma (f) de barbear	မုတ်ဆိတ်ရိတ်ဆုံ ဆပ်ပြာမြုပ်	mou' hsei jei' thoun: za' pja hmjou'
gilete (f)	သင်တုန်းဓား	thin toun: da:
lavar (vt)	ဆေးသည်	hsei: de
tomar banho	ရေချိုးသည်	jei gjou: de
chuveiro (m), ducha (f)	ရေပန်း	jei ban:
tomar uma ducha	ရေချိုးသည်	jei gjou: de
banheira (f)	ရေချိုးကန်	jei gjou: gan

vaso (m) sanitário	အိမ်သာ	ein dha
pia (f)	လက်ဆေးကန်	le' hsei: kan
sabonete (m)	ဆပ်ပြာ	hsa' pja
saboneteira (f)	ဆပ်ပြာခွက်	hsa' pja gwe'
esponja (f)	ရေမြှုပ်	jei hmjou'
xampu (m)	ခေါင်းလျော်ရည်	gaun: sho je
toalha (f)	တဘက်	tabe'
roupão (m) de banho	ရေချိုးခန်းဝတ်စုံ	jei gjou: gan: wu' soun
lavagem (f)	အဝတ်လျှော်ခြင်း	awu' sho gjin
lavadora (f) de roupas	အဝတ်လျှော်စက်	awu' sho ze'
lavar a roupa	ဒိုဘီလျှော်သည်	dou bi jo de
detergente (m)	အဝတ်လျှော်ဆပ်ပြာမှုန့်	awu' sho hsa' pja hmun.

73. Eletrodomésticos

televisor (m)	ရုပ်မြင်သံကြားစက်	jou' mjin dhan gja: ze'
gravador (m)	အသံသွင်းစက်	athan dhwin: za'
videogravador (m)	ဗီဒီယိုပြစက်	bi di jou bja. ze'
rádio (m)	ရေဒီယို	rei di jou
leitor (m)	ပလေယာစက်	pa. lei ja ze'
projetor (m)	ဗီဒီယိုပရိုဂျက်တာ	bi di jou pa. jou gje' da
cinema (m) em casa	အိမ်တွင်းရုပ်ရှင်ခန်း	ein dwin: jou' shin gan:
DVD Player (m)	ဒီဗီဒီပလေယာ	di bi di ba lei ja
amplificador (m)	အသံချဲ့စက်	athan che. zek
console (f) de jogos	ဂိမ်းခလုတ်	gein: kha lou'
câmera (f) de vídeo	ဗီဒီယိုကင်မရာ	bwi di jou kin ma. ja
máquina (f) fotográfica	ကင်မရာ	kin ma. ja
câmera (f) digital	ဒီဂျစ်တယ်ကင်မရာ	digji' te gin ma. ja
aspirador (m)	ဖုန်စုပ်စက်	hpoun zou' se'
ferro (m) de passar	မီးပူ	mi: bu
tábua (f) de passar	မီးပူတိုက်ရန်စင်	mi: bu tai' jan zin
telefone (m)	တယ်လီဖုန်း	te li hpoun:
celular (m)	မိုဘိုင်းဖုန်း	mou bain: hpoun:
máquina (f) de escrever	လက်နှိပ်စက်	le' hnei' se'
máquina (f) de costura	အပ်ချုပ်စက်	a' chou' se'
microfone (m)	စကားပြောခွက်	zaga: bjo: gwe'
fone (m) de ouvido	နားကြပ်	na: kja'
controle remoto (m)	အဝေးထိန်းကိရိယာ	awei: htin: ki. ja. ja
CD (m)	စီဒီပြား	si di bja:
fita (f) cassete	တိပ်ခွေ	tei' khwei
disco (m) de vinil	ရှေးခေတ်သုံးဓာတ်ပြား	shei: gi' thoun da' pja:

A TERRA. TEMPO

74. Espaço sideral

espaço, cosmo (m)	အာကာသ	akatha.
espacial, cósmico (adj)	အာကာသနှင့်ဆိုင်သော	akatha. hnin zain dho:
espaço (m) cósmico	အာကာသဟင်းလင်းပြင်	akatha. hin: lin: bjin
mundo (m)	ကမ္ဘာ	ga ba
universo (m)	စကြဝဠာ	sa kja wa. la
galáxia (f)	ကြယ်စုတန်း	kje zu. dan:
estrela (f)	ကြယ်	kje
constelação (f)	ကြယ်နက္ခတ်စု	kje ne' kha' zu.
planeta (m)	ဂြိုဟ်	gjou
satélite (m)	ဂြိုဟ်ငယ်	gjou nge
meteorito (m)	ဥက္ကာခဲ	ou' ka ge:
cometa (m)	ကြယ်တံခွန်	kje dagun
asteroide (m)	ဂြိုဟ်သိမ်ဂြိုဟ်မွှား	gjou dhein gjou hmwa:
órbita (f)	ပတ်လမ်း	pa' lan:
girar (vi)	လည်သည်	le de
atmosfera (f)	လေထု	lei du.
Sol (m)	နေ	nei
Sistema (m) Solar	နေစကြဝဠာ	nei ze kja. wala
eclipse (m) solar	နေကြတ်ခြင်း	nei gja' chin:
Terra (f)	ကမ္ဘာလုံး	ga ba loun:
Lua (f)	လ	la.
Marte (m)	အင်္ဂါဂြိုဟ်	in ga gjou
Vênus (f)	သောကြာဂြိုဟ်	thau' kja gjou'
Júpiter (m)	ကြာသပတေးဂြိုဟ်	kja dha ba. dei: gjou'
Saturno (m)	စနေဂြိုဟ်	sanei gjou'
Mercúrio (m)	ဗုဒ္ဓဟူးဂြိုဟ်	bou' da. gjou'
Urano (m)	ယူရေးနပ်ဂြိုဟ်	ju rei: na' gjou
Netuno (m)	နက်ပကျွန်းဂြိုဟ်	ne' pa. gjun: gjou
Plutão (m)	ပလူတိုဂြိုဟ်	pa lu tou gjou '
Via Láctea (f)	နဂါးငွေ့ကြယ်စုတန်း	na. ga: ngwe. gje zu dan:
Ursa Maior (f)	မျောက်ပိုင်းဂရိတ်ဘဲးရဲကြယ်စု	mjau' pain: gajei' be:j gje zu.
Estrela Polar (f)	ဓ္ရုဝံကြယ်	du wan gje
marciano (m)	အင်္ဂါဂြိုဟ်သား	in ga gjou dha:
extraterrestre (m)	အခြားကမ္ဘာဂြိုဟ်သား	apja: ga ba gjou dha

alienígena (m)	ၿဂိုဟ္သား	gjou dha:
disco (m) voador	ပန္းကန္ျပား်ပံ	bagan: bja: bjan
espaçonave (f)	အာကာသယာဥ္	akatha. jin
estação (f) orbital	အာကာသစခန္း	akatha. za khan:
lançamento (m)	လႊတ္တင္ျခင္း	hlu' tin gjin:

motor (m)	အင္ဂ်င္	in gjin
bocal (m)	ႏွာေခါင္း	no ze
combustível (m)	ေလာင္စာ	laun za

cabine (f)	ေလယာဥ္ေမာင္းအခန္း	lei jan maun akhan:
antena (f)	အင္တန္နာတိုင္	in tan na tain

vigia (f)	ျပတင္း	badin:
bateria (f) solar	ေနေရာင္ျခည္သုံးဘတ္ထရီ	nei jaun gje dhoun: ba' hta ji
traje (m) espacial	အာကာသဝတ္စုံ	akatha. wu' soun

imponderabilidade (f)	အေလးခ်ိန္ကင္းမဲ့ျခင္း	alei: gjein gin: me. gjin:
oxigênio (m)	ေအာက္ဆီဂ်င္	au' hsi gjin

acoplagem (f)	အာကာသထဲခ်ိတ္ဆက္ျခင္း	akatha. hte: chei' hse' chin:
fazer uma acoplagem	အာကာသထဲခ်ိတ္ဆက္သည္	akatha. hte: chei' hse' te

observatório (m)	နကၡတ္ေမၽွာ္စင္	ne' kha' ta. mjo zin
telescópio (m)	အေဝးၾကည့္မွန္ေျပာင္း	awei: gji. hman bjaun:
observar (vt)	ေလ့လာၾကည့္ရႈသည္	lei. la kji. hju. de
explorar (vt)	သုေတသနျပဳသည္	thu. tei thana bjou de

75. A Terra

Terra (f)	ကမၻာေျမႀကီး	ga ba mjei kji:
globo terrestre (Terra)	ကမၻာလုံး	ga ba loun:
planeta (m)	ၿဂိဳဟ္	gjou

atmosfera (f)	ေလထု	lei du.
geografia (f)	ပထဝီဝင္	pahtawi win
natureza (f)	သဘာဝ	tha. bawa

globo (mapa esférico)	ကမၻာလုံး	ga ba loun:
mapa (m)	ေျမပုံ	mjei boun
atlas (m)	ေျမပုံစာအုပ္	mjei boun za ou'

Europa (f)	ဥေရာပ	u. jo: pa
Ásia (f)	အာရွ	a sha.

África (f)	အာဖရိက	apha. ri. ka.
Austrália (f)	ၾသစေၾတးလ်	thja za djei: lja

América (f)	အေမရိက	amei ji ka
América (f) do Norte	ေျမာက္အေမရိက	mjau' amei ri. ka.
América (f) do Sul	ေတာင္အေမရိက	taun amei ri. ka.

Antártida (f)	အႏၲာတိတ္	anta di'
Ártico (m)	အာတိတ္	a tei'

76. Pontos cardeais

norte (m)	မြောက်အရပ်	mjau' aja'
para norte	မြောက်ဘက်သို့	mjau' be' thou.
no norte	မြောက်ဘက်မှာ	mjau' be' hma
do norte (adj)	မြောက်အရပ်နှင့်ဆိုင်သော	mjau' aja' hnin. zain de.
sul (m)	တောင်အရပ်	taun aja'
para sul	တောင်ဘက်သို့	taun be' thou.
no sul	တောင်ဘက်မှာ	taun be' hma
do sul (adj)	တောင်အရပ်နှင့်ဆိုင်သော	taun aja' hnin. zain de.
oeste, ocidente (m)	အနောက်အရပ်	anau' aja'
para oeste	အနောက်ဘက်သို့	anau' be' thou.
no oeste	အနောက်ဘက်မှာ	anau' be' hma
ocidental (adj)	အနောက်အရပ်နှင့်ဆိုင်သော	anau' aja' hnin. zain dho:
leste, oriente (m)	အရှေ့အရပ်	ashei. aja'
para leste	အရှေ့ဘက်သို့	ashei. be' hma
no leste	အရှေ့ဘက်မှာ	ashei. be' hma
oriental (adj)	အရှေ့အရပ်နှင့်ဆိုင်သော	ashei. aja' hnin. zain de.

77. Mar. Oceano

mar (m)	ပင်လယ်	pin le
oceano (m)	သမုဒ္ဒရာ	thamou' daja
golfo (m)	ပင်လယ်ကွေ့	pin le gwe.
estreito (m)	ရေလက်ကြား	jei le' kja:
terra (f) firme	ကုန်းမြေ	koun: mei
continente (m)	တိုက်	tai'
ilha (f)	ကျွန်း	kjun:
península (f)	ကျွန်းဆွယ်	kjun: zwe
arquipélago (m)	ကျွန်းစု	kjun: zu.
baía (f)	အော်	o
porto (m)	သင်္ဘောဆိပ်ကမ်း	thin: bo: zei' kan:
lagoa (f)	ပင်လယ်ထုံးအိုင်	pin le doun: ain
cabo (m)	အငူ	angu
atol (m)	သန္တာကျောက်တန်းကျွန်းငယ်	than da gjau' tan: gjun: nge
recife (m)	ကျောက်တန်း	kjau' tan:
coral (m)	သန္တာကောင်	than da gaun
recife (m) de coral	သန္တာကျောက်တန်း	than da gjau' tan:
profundo (adj)	နက်သော	ne' te.
profundidade (f)	အနက်	ane'
abismo (m)	ချောက်နက်ကြီး	chau ne' kji:
fossa (f) oceânica	မြောင်း	mjaun:
corrente (f)	စီးကြောင်း	si: gaun:
banhar (vt)	ဝိုင်းသည်	wain: de

litoral (m)	ကမ်းစပ်	kan: za'
costa (f)	ကမ်းခြေ	kan: gjei
maré (f) alta	ရေတက်	jei de'
refluxo (m)	ရေကျ	jei gja.
restinga (f)	သောင်စွယ်	thaun zwe
fundo (m)	ကမ်းပြင်	kan: pjin
onda (f)	လှိုင်း	hlain:
crista (f) da onda	လှိုင်းခေါင်းဗျု	hlain: gaun: bju.
espuma (f)	အမြှုပ်	a hmjou'
tempestade (f)	မုန်တိုင်း	moun dain:
furacão (m)	ဟာရီကိန်းမုန်တိုင်း	ha ji gain: moun dain:
tsunami (m)	ဆူနာမိ	hsu na mi
calmaria (f)	ရေငြိမ်	jei dhei
calmo (adj)	ငြိမ်သက်အေးေဆးသော	njein dhe' ei: zei: de.
polo (m)	ဝင်ရိုးစွန်း	win jou: zun
polar (adj)	ဝင်ရိုးစွန်းနှင့်ဆိုင်သော	win jou: zun hnin. zain de.
latitude (f)	လတ္တီတွဒ်	la' ti. tu'
longitude (f)	လောင်ဂျီတွဒ်	laun gji twa'
paralela (f)	လတ္တီတွဒ်မျဉ်း	la' ti. tu' mjin:
equador (m)	အီကွေတာ	i kwei: da
céu (m)	ကောင်းကင်	kaun: gin
horizonte (m)	မိုးကုပ်စက်ဝိုင်း	mou kou' se' wain:
ar (m)	လေထု	lei du.
farol (m)	မီးပြတိုက်	mi: bja dai'
mergulhar (vi)	ရေငုပ်သည်	jei ngou' te
afundar-se (vr)	ရေမြုပ်သည်	jei mjou' te
tesouros (m pl)	ရတနာ	jadana

78. Nomes de Mares e Oceanos

Oceano (m) Atlântico	အတ္တလန်တိတ် သမုဒ္ဒရာ	a' ta. lan ti' thamou' daja
Oceano (m) Índico	အိန္ဒိယ သမုဒ္ဒရာ	indi. ja thamou. daja
Oceano (m) Pacífico	ပစိဖိတ် သမုဒ္ဒရာ	pa. si. hpi' thamou' daja
Oceano (m) Ártico	အာတိတ် သမုဒ္ဒရာ	a tei' thamou' daja
Mar (m) Negro	ပင်လယ်နက်	pin le ne'
Mar (m) Vermelho	ပင်လယ်နီ	pin le ni
Mar (m) Amarelo	ပင်လယ်ဝါ	pin le wa
Mar (m) Branco	ပင်လယ်ဖြူ	pin le bju
Mar (m) Cáspio	ကက်စပီယန် ပင်လယ်	ke' za. pi jan pin le
Mar (m) Morto	ပင်လယ်သေ	pin le dhe:
Mar (m) Mediterrâneo	မြေထဲပင်လယ်	mjei hte: bin le
Mar (m) Egeu	အေဂျီယန်းပင်လယ်	ei gi jan: bin le
Mar (m) Adriático	အဒရီရာတစ်ပင်လယ်	a da yi ya ti' pin le
Mar (m) Arábico	အာရေဗီးယန်း ပင်လယ်	a ra bi: an: bin le

Mar (m) do Japão	ဂျပန် ပင်လယ်	gja pan pin le
Mar (m) de Bering	ဘယ်ရင်း ပင်လယ်	be jin: bin le
Mar (m) da China Meridional	တောင်တရုတ်ပင်လယ်	taun dajou' pinle
Mar (m) de Coral	ကော်ရယ်လ်ပင်လယ်	ko je l pin le
Mar (m) de Tasman	တက်စမန်းပင်လယ်	te' sa. man: bin le
Mar (m) do Caribe	ကာရေးဘီးယန်းပင်လယ်	ka rei: bi: jan: bin le
Mar (m) de Barents	ဘာရန့်စ် ပင်လယ်	ba jan's bin le
Mar (m) de Kara	ကာရာ ပင်လယ်	kara bin le
Mar (m) do Norte	မြောက်ပင်လယ်	mjau' pin le
Mar (m) Báltico	ဘောလ်တစ်ပင်လယ်	bo' l ti' pin le
Mar (m) da Noruega	နော်ဝေးရိုယန်း ပင်လယ်	no wei: bin le

79. Montanhas

montanha (f)	တောင်	taun
cordilheira (f)	တောင်တန်း	taun dan:
serra (f)	တောင်ရော	taun gjo:
cume (m)	ထိပ်	htei'
pico (m)	တောင်ထွတ်	taun htu'
pé (m)	တောင်ရေ	taun gjei
declive (m)	တောင်စောင်း	taun zaun:
vulcão (m)	မီးတောင်	mi: daun
vulcão (m) ativo	မီးတောင်ရှင်	mi: daun shin
vulcão (m) extinto	မီးငြိမ်းတောင်	mi: njein: daun
erupção (f)	မီးတောင်ပေါက်ကွဲခြင်း	mi: daun pau' kwe: gjin:
cratera (f)	မီးတောင်ဝ	mi: daun wa.
magma (m)	ကျောက်ရည်ပူ	kjau' ji bu
lava (f)	ရော်ရည်	cho ji
fundido (lava ~a)	အရည်ပူသော	ajam: bu de.
cânion, desfiladeiro (m)	တောင်ကြားချိုင့်ဝှမ်းနက်	taun gja: gjain. hwan: ne'
garganta (f)	တောင်ကြား	taun gja:
fenda (f)	အက်ကွဲကြောင်း	e' kwe: gjaun:
precipício (m)	ရှောက်ကမ်းပါး	chau' kan: ba:
passo, colo (m)	တောင်ကြားလမ်း	taun gja: lan:
planalto (m)	ကုန်းပြင်မြင့်	koun: bjin mjin:
falésia (f)	ကျောက်တောင်	kjau' hsain
colina (f)	တောင်ကုန်း	taun goun:
geleira (f)	ရေခဲမြစ်	jei ge: mji'
cachoeira (f)	ရေတံခွန်	jei dan khun
gêiser (m)	ရေပူစမ်း	jei bu zan:
lago (m)	ရေကန်	jei gan
planície (f)	မြေပြန့်	mjei bjan:
paisagem (f)	ရှုခင်း	shu. gin:
eco (m)	ပဲ့တင်သံ	pe. din than

alpinista (m)	တောင်တက်သမား	taun de' thama:
escalador (m)	ကျောက်တောင်တက်သမား	kjau' taun de dha ma:
conquistar (vt)	အောင်နိုင်သူ	aun nain dhu
subida, escalada (f)	တောင်တက်ခြင်း	taun de' chin:

80. Nomes de montanhas

Alpes (m pl)	အဲလ်ပ်တောင်	e.lp daun
Monte Branco (m)	မောင့်ဘလန့်စ်တောင်	maun. ba. lan. s taun
Pirineus (m pl)	ပိရန်းနီးစ်တောင်	pi jan: ni:s taun
Cárpatos (m pl)	ကာပဒီယန်စ်တောင်	ka pa. dhi jan s taun
Urais (m pl)	ယူရယ်တောင်တန်း	ju re daun dan:
Cáucaso (m)	ကော့ကေးဆပ်တောင်တန်း	ko: kei zi' taun dan:
Elbrus (m)	အယ်ဘရတ်စ်တောင်	e ba. ja's daun
Altai (m)	အယ်လတိုင်တောင်	e la. tain daun
Tian Shan (m)	တိုင်ယန်ရှန်းတောင်	tain jan shin: daun
Pamir (m)	ပါမိယာတောင်တန်း	pa mi ja daun dan:
Himalaia (m)	ဟိမဝန္တာတောင်တန်း	hi. ma. wan da daun dan:
monte Everest (m)	ဧဝရတ်တောင်	ei wa. ja' taun
Cordilheira (f) dos Andes	အန်းဒီတောင်တန်း	an: di daun dan:
Kilimanjaro (m)	ကိလီမန်ဂျာရိုတောင်	ki li man gja gou daun

81. Rios

rio (m)	မြစ်	mji'
fonte, nascente (f)	စမ်း	san:
leito (m) de rio	ရေကြောင်းကြောင်း	jei gjo: zi: gjaun:
bacia (f)	မြစ်ချိုင့်ဝှမ်း	mji' chain. hwan:
desaguar no …	စီးဝင်သည်	si: win de
afluente (m)	မြစ်လက်တက်	mji' le' te'
margem (do rio)	ကမ်း	kan:
corrente (f)	စီးကြောင်း	si: gaun:
rio abaixo	ရေပန်	jei zoun
rio acima	ရေဆန်	jei zan
inundação (f)	ရေကြီးမှု	jei gji: hmu.
cheia (f)	ရေလျှံခြင်း	jei shan gjin:
transbordar (vi)	လျှံသည်	shan de
inundar (vt)	ရေလွှမ်းသည်	jei hlwan: de
banco (m) de areia	ရေတိမ်ပိုင်း	jei dein bain:
corredeira (f)	ရေအောက်ကျောက်ဆောင်	jei au' kjau' hsaun
barragem (f)	ဆည်	hse
canal (m)	တူးမြောင်း	tu: mjaun:
reservatório (m) de água	ရေလှောင်ကန်	jei hlaun gan
eclusa (f)	ရေလွှေပေါက်	jei hlwe: bau'

corpo (m) de água	ရေကူ	jei du.
pântano (m)	နွံ၊ ညွန်	shwan njun
lamaçal (m)	ရွှံ့မြေ	sein. mjei
redemoinho (m)	ရေဝဲ	jei we:
riacho (m)	ချောင်းကလေး	chaun: galei:
potável (adj)	သောက်ရေ	thau' jei
doce (água)	ရေချို	jei gjou
gelo (m)	ရေခဲ	jei ge:
congelar-se (vr)	ရေခဲသည်	jei ge: de

82. Nomes de rios

rio Sena (m)	စိန်မြစ်	sein mji'
rio Loire (m)	လော်ရ်မြစ်	lo ji mji'
rio Tâmisa (m)	သိမ်းမြစ်	thain: mji'
rio Reno (m)	ရိုင်းမြစ်	rain: mji'
rio Danúbio (m)	ဒိန်နူယူမြစ်	din na. ju mji'
rio Volga (m)	ဗော်လဂါမြစ်	bo la. ga mja'
rio Don (m)	ဒွန်မြစ်	dun mja'
rio Lena (m)	လီနာမြစ်	li na mji'
rio Amarelo (m)	မြစ်ဝါ	mji' wa
rio Yangtzé (m)	ရမ်းဇီးမြစ်	jan zi: mji'
rio Mekong (m)	မဲခေါင်မြစ်	me: gaun mji'
rio Ganges (m)	ဂင်္ဂါမြစ်	gan ga. mji'
rio Nilo (m)	နိုင်းမြစ်	nain: mji'
rio Congo (m)	ကွန်ဂိုမြစ်	kun gou mji'
rio Cubango (m)	အိုကာဗန်ဂိုမြစ်	ai' hou ban
rio Zambeze (m)	ဇမ်ဘီဇီးမြစ်	zan bi zi: mji'
rio Limpopo (m)	လင်ပိုပိုမြစ်	lin po pou mji'
rio Mississippi (m)	မစ်စစ္စပီမြစ်	mi' si. si. pi. mji'

83. Floresta

floresta (f), bosque (m)	သစ်တော	thi' to:
florestal (adj)	သစ်တောနှင့်ဆိုင်သော	thi' to: hnin. zain de.
mata (f) fechada	ထူထပ်သောတော	htu da' te. do:
arvoredo (m)	သစ်ပင်အုပ်	thi' pin ou'
clareira (f)	တောတွင်းလဟာပြင်	to: dwin: la. ha bjin
matagal (m)	ချုံပိတ်ပေါင်း	choun bei' paun:
mato (m), caatinga (f)	ချုံထနောင်းတော	choun hta naun: de.
pequena trilha (f)	လူသွားလမ်းကလေး	lu dhwa: lan: ga. lei:
ravina (f)	လျှို	shou
árvore (f)	သစ်ပင်	thi' pin

folha (f)	သစ်ရွက်	thi' jwe'
folhagem (f)	သစ်ရွက်များ	thi' jwe' mja:
queda (f) das folhas	သစ်ရွက်ကြွေခြင်း	thi' jwe' kjwei gjin:
cair (vi)	သစ်ရွက်ကြွေသည်	thi' jwe' kjwei de
topo (m)	အဖျား	ahpja:
ramo (m)	အကိုင်းခွဲ	akain: khwe:
galho (m)	ပင်မကိုင်း	pin ma. gain:
botão (m)	အဖူး	ahpu:
agulha (f)	အပ်နှင့်တူသောအရွက်	a' hnin. bu de. ajwe'
pinha (f)	ထင်းရှူးသီး	htin: shu: dhi:
buraco (m) de árvore	အခေါင်းပေါက်	akhaun: bau'
ninho (m)	ငှက်သိုက်	hnge' thai'
toca (f)	မြေတွင်း	mjei dwin:
tronco (m)	ပင်စည်	pin ze
raiz (f)	အမြစ်	amji'
casca (f) de árvore	သစ်ခေါက်	thi' khau'
musgo (m)	ရေညှို	jei hnji.
arrancar pela raiz	အမြစ်မှဆွဲနုတ်သည်	amji' hma zwe: hna' te
cortar (vt)	ခုတ်သည်	khou' te
desflorestar (vt)	တောပြုန်းစေသည်	to: bjoun: zei de
toco, cepo (m)	သစ်ငုတ်တို	thi' ngou' tou
fogueira (f)	မီးပုံ	mi: boun
incêndio (m) florestal	မီးလောင်ခြင်း	mi: laun gjin:
apagar (vt)	မီးသတ်သည်	mi: tha' de
guarda-parque (m)	တောခေါင်း	to: gaun:
proteção (f)	သစ်တောနံထမ်း	thi' to: wun dan:
proteger (a natureza)	ထိန်းသိမ်းစောင့်ရှောက်သည်	htein: dhein: zaun. shau' te
caçador (m) furtivo	မိုးယူသူ	khou: ju dhu
armadilha (f)	သံမဏိထောင်ချောက်	than mani. daun gjau'
colher (cogumelos)	ဆွတ်သည်	hsu' te
colher (bagas)	ခူးသည်	khu: de
perder-se (vr)	လမ်းပျောက်သည်	lan: bjau' de

84. Recursos naturais

recursos (m pl) naturais	သယံဇာတ	thajan za da.
minerais (m pl)	တွင်းထွက်ပစ္စည်း	twin: htwe' pji' si:
depósitos (m pl)	နန်း	noun:
jazida (f)	ဓာတ်သတ္တုထွက်ရာမြေ	da' tha' tu dwe' ja mjei
extrair (vt)	တူးဖော်သည်	tu: hpo de
extração (f)	တူးဖော်ခြင်း	tu: hpo gjin:
minério (m)	သတ္တုရိုင်း	tha' tu. jain:
mina (f)	သတ္တုတွင်း	tha' tu. dwin:
poço (m) de mina	မိုင်းတွင်း	main: dwin:
mineiro (m)	သတ္တုတွင်း အလုပ်သမား	tha' tu. dwin: alou' thama:

gás (m)	ဓာတ်ငွေ့	da' ngwei.
gasoduto (m)	ဓါတ်ငွေ့ပိုက်လိုင်း	da' ngwei. bou' lain:
petróleo (m)	ရေနံ	jei nan
oleoduto (m)	ရေနံပိုက်လိုင်း	jei nan bou' lain:
poço (m) de petróleo	ရေနံတွင်း	jei nan dwin:
torre (f) petrolífera	ရေနံစင်	jei nan zin
petroleiro (m)	လောင်စာတင်သဘော်ာ	laun za din dhin bo:
areia (f)	သဲ	the:
calcário (m)	ထုံးကျောက်	htoun: gjau'
cascalho (m)	ကျောက်စရစ်	kjau' sa. ji'
turfa (f)	မြေဆွေးခဲ	mjei zwei: ge:
argila (f)	မြေစေး	mjei zei:
carvão (m)	ကျောက်မီးသွေး	kjau' mi dhwei:
ferro (m)	သံ	than
ouro (m)	ရွှေ	shwei
prata (f)	ငွေ	ngwei
níquel (m)	နိကယ်	ni ke
cobre (m)	ကြေးနီ	kjei: ni
zinco (m)	သွပ်	thu'
manganês (m)	မဂ္ဂနီစ်	ma' ga. ni:s
mercúrio (m)	ပြဒါး	bada:
chumbo (m)	ခဲ	khe:
mineral (m)	သတ္တုဇား	tha' tu. za:
cristal (m)	သလင်းကျောက်	thalin: gjau'
mármore (m)	စကျင်ကျောက်	zagjin kjau'
urânio (m)	ယူရေနီယမ်	ju rei ni jan

85. Tempo

tempo (m)	ရာသီဥတု	ja dhi nja. tu.
previsão (f) do tempo	မိုးလေဝသခန့်မှန်းချက်	mou: lei wa. dha. gan. hman: gje'
temperatura (f)	အပူချိန်	apu gjein
termômetro (m)	သာမိုမီတာ	tha mou mi ta
barômetro (m)	လေဖိအားတိုင်းကိရိယာ	lei bi. a: dain: gi. ji. ja
úmido (adj)	စိုထိုင်းသော	sou htain: de
umidade (f)	စိုထိုင်းမှု	sou htain: hmu.
calor (m)	အပူရှိန်	apu shein
tórrido (adj)	ပူလောင်သော	pu laun de.
está muito calor	ပူလောင်ခြင်း	pu laun gjin:
está calor	နွေးခြင်း	nwei: chin:
quente (morno)	နွေးသော	nwei: de.
está frio	အေးခြင်း	ei: gjin:
frio (adj)	အေးသော	ei: de.
sol (m)	နေ	nei

brilhar (vi)	သာသည်	tha de
de sol, ensolarado	နေသာသော	nei dha de.
nascer (vi)	နေထွက်သည်	nei dwe' te
pôr-se (vr)	နေဝင်သည်	nei win de
nuvem (f)	တိမ်	tein
nublado (adj)	တိမ်ထူသော	tein du de
nuvem (f) preta	မိုးတိမ်	mou: dain
escuro, cinzento (adj)	ညို့ မှိုင်းသော	njou. hmain: de.
chuva (f)	မိုး	mou:
está a chover	မိုးရွာသည်	mou: jwa de.
chuvoso (adj)	မိုးရွာသော	mou: jwa de.
chuviscar (vi)	မိုးဖွဲဖွဲရွာသည်	mou: bwe: bwe: jwa de
chuva (f) torrencial	သည်းထန်စွာရွာသောမိုး	thi: dan zwa jwa dho: mou:
aguaceiro (m)	မိုးပုဆိန်	mou: bu. zain
forte (chuva, etc.)	မိုးသည်းသော	mou: de: de.
poça (f)	ရေအိုင်	jei ain
molhar-se (vr)	မိုးမိသည်	mou: mi de
nevoeiro (m)	မြူ	mju
de nevoeiro	မြူထူထပ်သော	mju htu hta' te.
neve (f)	နှင်း	hnin:
está nevando	နှင်းကျသည်	hnin: gja. de

86. Tempo extremo. Catástrofes naturais

trovoada (f)	မိုးသက်မုန်တိုင်း	mou: dhe' moun dain:
relâmpago (m)	လျှပ်စီး	hlja' si:
relampejar (vi)	လျှပ်ပြက်သည်	hlja' pje' te
trovão (m)	မိုးကြိုး	mou: kjou:
trovejar (vi)	မိုးကြိုးပစ်သည်	mou: gjou: pi' te
está trovejando	မိုးကြိုးပစ်သည်	mou: gjou: pi' te
granizo (m)	မိုးသီး	mou: dhi:
está caindo granizo	မိုးသီးကြွေသည်	mou: dhi: gjwei de
inundar (vt)	ရေကြီးသည်	jei gji: de
inundação (f)	ရေကြီးမှု	jei gji: hmu.
terremoto (m)	ငလျင်	nga ljin
abalo, tremor (m)	တုန်ခါခြင်း	toun ga gjin:
epicentro (m)	ငလျင်ဗဟိုချက်	nga ljin ba hou che'
erupção (f)	မီးတောင်ပေါက်ကွဲခြင်း	mi: daun pau' kwe: gjin:
lava (f)	ရော်ရည်	cho ji
tornado (m)	လေဆင်နှာမောင်း	lei zin hna maun:
tufão (m)	တိုင်ဖွန်းမုန်တိုင်း	tain hpun moun dain:
furacão (m)	ဟာရီကိန်းမုန်တိုင်း	ha ji gain: moun dain:
tempestade (f)	မုန်တိုင်း	moun dain:

tsunami (m)	သုနာမိ	hsu na mi
ciclone (m)	ဆိုင်ကလုန်းမုန်တိုင်း	hsain ga. loun: moun dain:
mau tempo (m)	ဆိုးရွားသောရာသီဥတု	hsou: jwa: de. ja dhi u. tu.
incêndio (m)	မီးလောင်ခြင်း	mi: laun gjin:
catástrofe (f)	ဘေးအန္တရာယ်	bei: an daje
meteorito (m)	ဥက္ကာခဲ	ou' ka ge:
avalanche (f)	ရေခဲနှင့်ကျောက်တုံးများထိုးကျခြင်း	jei ge: hnin kjau' toun: mja: htou: gja. gjin:
deslizamento (m) de neve	လေထိုက်ပြီးဖြစ်နေသောနင်းပုံ	lei dou' hpji: bi' nei dho: hnin: boun
nevasca (f)	နင်းမုန်တိုင်း	hnin: moun dain:
tempestade (f) de neve	နင်းမုန်တိုင်း	hnin: moun dain:

FAUNA

87. Mamíferos. Predadores

predador (m)	သားရဲ	tha: je:
tigre (m)	ကျား	kja:
leão (m)	ခြင်္သေ့	chin dhei.
lobo (m)	ဝံပုလွေ	wun bu. lwei
raposa (f)	မြေခွေး	mjei gwei:

jaguar (m)	ဂျာဂွာကျားသစ်မျိုး	gja gwa gja: dhi' mjou:
leopardo (m)	ကျားသစ်	kja: dhi'
chita (f)	သစ်ကျွတ်	thi' kjou'

pantera (f)	ကျားသစ်နက်	kja: dhi' ne'
puma (m)	ပျူးမားတောင်ခြင်္သေ့	pju. ma: daun gjin dhei.
leopardo-das-neves (m)	ရေခဲတောင်ကျားသစ်	jei ge: daun gja: dhi'
lince (m)	လင့်ကြောင်မျိုးတို	lin. gjaun mji: dou

coiote (m)	ဝံပုလွေငယ်တစ်မျိုး	wun bu. lwei nge di' mjou:
chacal (m)	ခွေးအ	khwei: a.
hiena (f)	ဟိုင်းအီးနား	hain i: na:

88. Animais selvagens

animal (m)	တိရစ္ဆာန်	tharei' hsan
besta (f)	ခြေလေးချောင်းသတ္တဝါ	chei lei: gjaun: dhadawa

esquilo (m)	ရှဉ့်	shin.
ouriço (m)	ဖြူကောင်	hpju gaun
lebre (f)	တောယုန်ကြီး	to: joun gji:
coelho (m)	ယုန်	joun

texugo (m)	ခွေးတူဝက်တူကောင်	khwei: du we' tu gaun
guaxinim (m)	ရက်ကွန်းဝံ	je' kwan: wan
hamster (m)	မြီးတိုပါးတွဲကြွက်	mji: dou ba: dwe: gjwe'
marmota (f)	မားမို့တ်ကောင်	ma: mou. t gaun

toupeira (f)	ပွေး	pwei:
rato (m)	ကြွက်	kjwe'
ratazana (f)	မြေကြွက်	mjei gjwe'
morcego (m)	လင်းနို့	lin: nou.

arminho (m)	အားမင်ကောင်	a: min gaun
zibelina (f)	ဆေဘယ်	hsei be
marta (f)	အသားစားအကောင်ငယ်	atha: za: akaun nge
doninha (f)	သားစားဗျံ	tha: za: bjan
visom (m)	မင့်ခ်မြွေပါ	min kh mjwei ba

castor (m)	ဖျံကြီးတစ်မျိုး	hpjan gji: da' mjou:
lontra (f)	ဖျံ	hpjan

cavalo (m)	မြင်း	mjin:
alce (m)	ဦးချိုပြားသော သမင်ကြီး	u: gjou bja: dho: thamin gji:
veado (m)	သမင်	thamin
camelo (m)	ကုလားအုတ်	kala: ou'

bisão (m)	အမေရိကန်ပြောင်	amei ji kan pjaun
auroque (m)	အောရက်စ်	o: re' s
búfalo (m)	ကျွဲ	kjwe:

zebra (f)	မြင်းကျား	mjin: gja:
antílope (m)	အပြေးမြန်သော တောဆိတ်	apjei: mjan de. hto: zei'
corça (f)	ဒရယ်ငယ်တစ်မျိုး	da. je nge da' mjou:
gamo (m)	ဒရယ်	da. je
camurça (f)	တောင်ဆိတ်	taun zei'
javali (m)	တောဝက်ထီး	to: we' hti:

baleia (f)	ဝေလငါး	wei la. nga:
foca (f)	ပင်လယ်ဖျံ	pin le bjan
morsa (f)	ဝေါရပ်စ်ဖျံ	wo: ra's hpjan
urso-marinho (m)	အမွေးပါသောပင် လယ်ဖျံ	amwei: pa dho: bin le hpjan
golfinho (m)	လင်းပိုင်	lin: bain

urso (m)	ဝက်ဝံ	we' wun
urso (m) polar	ဝိုလာဝက်ဝံ	pou la we' wan
panda (m)	ပန်ဒါဝက်ဝံ	pan da we' wan

macaco (m)	မျောက်	mjau'
chimpanzé (m)	ချင်ပင်ဇီမျောက်ဝံ	chin pin zi mjau' wan
orangotango (m)	အော်ရန်အူတန်လူဝံ	o ran u tan lu wun
gorila (m)	ဂေါ်ရီလာမျောက်ဝံ	go ji la mjau' wun
macaco (m)	မာကာဂွေမျောက်	ma ga gwei mjau'
gibão (m)	မျောက်လွှဲကျော်	mjau' hlwe: gjo

elefante (m)	ဆင်	hsin
rinoceronte (m)	ကြံ့	kjan.
girafa (f)	သစ်ကုလားအုတ်	thi' ku. la ou'
hipopótamo (m)	ရေမြင်း	jei mjin:

canguru (m)	သားပိုက်ကောင်	tha: bai' kaun
coala (m)	ကိုအာလာဝက်ဝံ	kou a la we' wun

mangusto (m)	မြွေပါ	mwei ba
chinchila (f)	ချင်ချီလာ	chin: chi la
cangambá (f)	စကန့်ခံဖျံ	sakan. kh hpjan
porco-espinho (m)	ဖြူ	hpju

89. Animais domésticos

gata (f)	ကြောင်	kjaun
gato (m) macho	ကြောင်ထီး	kjaun di:
cão (m)	ခွေး	khwei:

cavalo (m)	မြင်း	mjin:
garanhão (m)	မြင်းထီး	mjin: di:
égua (f)	မြင်းမ	mjin: ma.

vaca (f)	နွား	nwa:
touro (m)	နွားထီး	nwa: di:
boi (m)	နွားထီး	nwa: di:

ovelha (f)	သိုး	thou:
carneiro (m)	သိုးထီး	thou: hti:
cabra (f)	ဆိတ်	hsei'
bode (m)	ဆိတ်ထီး	hsei' hti:

burro (m)	မြည်း	mji:
mula (f)	လား	la:

porco (m)	ဝက်	we'
leitão (m)	ဝက်ကလေး	we' ka lei:
coelho (m)	ယုန်	joun

galinha (f)	ကြက်	kje'
galo (m)	ကြက်ဖ	kje' pha.

pata (f), pato (m)	ဘဲ	be:
pato (m)	ဘဲထီး	be: di:
ganso (m)	ဘဲငန်း	be: ngan:

peru (m)	ကြက်ဆင်	kje' hsin
perua (f)	ကြက်ဆင်	kje' hsin

animais (m pl) domésticos	အိမ်မွေးတိရစ္ဆာန်များ	ein mwei: ti. ji. swan mja:
domesticado (adj)	ယဉ်ပါးသော	jin ba: de.
domesticar (vt)	ယဉ်ပါးစေသည်	jin ba: zei de
criar (vt)	သားပေါက်သည်	tha: bau' te

fazenda (f)	စိုက်ပျိုးမွေးမြူရေးခြံ	sai' pjou: mwei: mju jei: gjan
aves (f pl) domésticas	ကြက်ဂုက်တိရစ္ဆာန်	kje' ti ji za hsan
gado (m)	ကျွဲနွားတိရစ္ဆာန်	kjwe: nwa: tarei. zan
rebanho (m), manada (f)	အုပ်	ou'

estábulo (m)	မြင်းဇောင်း	mjin: zaun:
chiqueiro (m)	ဝက်ခြံ	we' khan
estábulo (m)	နွားတင်းကုပ်	nwa: din: gou'
coelheira (f)	ယုန်အိမ်	joun ein
galinheiro (m)	ကြက်လှောင်အိမ်	kje' hlaun ein

90. Pássaros

pássaro (m), ave (f)	ငှက်	hnge'
pombo (m)	ခို	khou
pardal (m)	စာကလေး	sa ga. lei:
chapim-real (m)	စာဝတီငှက်	sa wadi: hnge'
pega-rabuda (f)	ငှက်ကျား	hnge' kja:
corvo (m)	ကျီးနက်	kji: ne'

gralha-cinzenta (f)	ကျီးကန်း	kji: kan:
gralha-de-nuca-cinzenta (f)	ဥရောပကျီးတစ်မျိုး	u. jo: pa gji: di' mjou:
gralha-calva (f)	ကျီးအ	kji: a.
pato (m)	ဘဲ	be:
ganso (m)	ဘဲငန်း	be: ngan:
faisão (m)	ရစ်ငှက်	ji' hnge'
águia (f)	လင်းယုန်	lin: joun
açor (m)	သိမ်းငှက်	thain: hnge'
falcão (m)	အမဲလိုက်သိမ်းငှက်တစ်မျိုး	ame: lai' thein: hnge' ti' mjou:
abutre (m)	လင်းတ	lin: da.
condor (m)	တောင်အမေရိကလင်းတ	taun amei ri. ka. lin: da.
cisne (m)	ငန်း	ngan:
grou (m)	ငှက်ကုလား	hnge' ku. la:
cegonha (f)	ချည်ခင်စွပ်ငှက်	che gin zu' hnge'
papagaio (m)	ကြက်တူရွေး	kje' tu jwei:
beija-flor (m)	ငှက်ပိတုန်း	hnge' pi. doun:
pavão (m)	ဥဒေါင်း	u. daun:
avestruz (m)	ငှက်ကုလားအုတ်	hnge' ku. la: ou'
garça (f)	ဗျိုင်းငှက်	nga hi' hnge'
flamingo (m)	ကြိုးကြာနီ	kjou: kja: ni
pelicano (m)	ငှက်ကြီးဝမ်းဘို	hnge' kji: wun bou
rouxinol (m)	တေးဆိုငှက်	tei: hsou hnge'
andorinha (f)	ပျံလွှား	pjan hlwa:
tordo-zornal (m)	မြေလွှးငှက်	mjei lu: hnge'
tordo-músico (m)	တေးဆိုမြေလွှးငှက်	tei: hsou mjei lu: hnge'
melro-preto (m)	ငှက်မည်း	hnge' mji:
andorinhão (m)	ပျံလွှားတစ်မျိုး	pjan hlwa: di' mjou:
cotovia (f)	ဘီလုံးငှက်	bi loun: hnge'
codorna (f)	ငုံး	ngoun:
pica-pau (m)	သစ်တောက်ငှက်	thi' tau' hnge'
cuco (m)	ဥဩငှက်	udhja hnge'
coruja (f)	ဇီးကွက်	zi: gwe
bufo-real (m)	သိမ်းငှက်အနွယ်ဝင်ဇီးကွက်	thain: hnge' anwe win zi: gwe'
tetraz-grande (m)	ရစ်	ji'
tetraz-lira (m)	ရစ်နက်	ji' ne'
perdiz-cinzenta (f)	ခါ	kha
estorninho (m)	ကျွဲဆက်ရက်	kjwe: hse' je'
canário (m)	စာဝါငှက်	sa wa hnge'
galinha-do-mato (f)	ရစ်ညို	ji' njou
tentilhão (m)	စာကျွဲခေါင်း	sa gjwe: gaun:
dom-fafe (m)	စာကျွဲခေါင်းငှက်	sa gjwe: gaun: hngwe'
gaivota (f)	စင်ရော်	sin jo
albatroz (m)	ပင်လယ်စင်ရော်ကြီး	pin le zin jo gji:
pinguim (m)	ပင်ဂွင်း	pin gwin:

91. Peixes. Animais marinhos

brema (f)	ငါးကြင်းတစ်မျိုး	nga: gjin: di' mjou
carpa (f)	ငါးကြင်း	nga gjin:
perca (f)	ငါးပြေမတစ်မျိုး	nga: bjei ma. di' mjou:
siluro (m)	ငါးခူ	nga: gu
lúcio (m)	ပိုက်ငါး	pai' nga
salmão (m)	ဆော်လမွန်ငါး	hso: la. mun nga:
esturjão (m)	စတာဂျင်ငါးကြီးမျိုး	sata gjin nga: gji: mjou:
arenque (m)	ငါးသေလောက်	nga: dha. lau'
salmão (m) do Atlântico	ဆော်လမွန်ငါး	hso: la. mun nga:
cavala, sarda (f)	မက်ကရယ်ငါး	me' ka. je nga:
solha (f), linguado (m)	ဥရောပငါးခွေး လျှာတစ်မျိုး	u. jo: pa nga: gwe: sha di' mjou:
lúcio perca (m)	ငါးပြေမအွန်နယ် ဝင်ငါးတစ်မျိုး	nga: bjei ma. anwe win nga: di' mjou:
bacalhau (m)	ငါးကြီးဆီထုတ်သောငါး	nga: gji: zi dou' de. nga:
atum (m)	တူနာငါး	tu na nga:
truta (f)	ထရောက်ငါး	hta. jau' nga:
enguia (f)	ငါးရှဉ့်	nga: shin.
raia (f) elétrica	ငါးလက်ထု	nga: le' htoun
moreia (f)	ငါးရှဉ့်ကြီးတစ်မျိုး	nga: shin. gji: da' mjou:
piranha (f)	အသားစားငါးငယ်တစ်မျိုး	atha: za: nga: nge ti' mjou:
tubarão (m)	ငါးမန်း	nga: man:
golfinho (m)	လင်းပိုင်	lin: bain
baleia (f)	ဝေလငါး	wei la. nga:
caranguejo (m)	ကဏန်း	kanan:
água-viva (f)	ငါးဖန်ခွက်	nga: hpan gwe'
polvo (m)	ရေဘဝဲ	jei ba. we:
estrela-do-mar (f)	ကြယ်ငါး	kje nga:
ouriço-do-mar (m)	သံပုရွတ်	than ba. gjou'
cavalo-marinho (m)	ရေနဂါး	jei naga:
ostra (f)	ကမာကောင်	kama kaun
camarão (m)	ပုစွန်	bazun
lagosta (f)	ကျောက်ပုစွန်	kjau' pu. zun
lagosta (f)	ကျောက်ပုစွန်	kjau' pu. zun

92. Anfíbios. Répteis

cobra (f)	မြွေ	mwei
venenoso (adj)	အဆိပ်ရှိသော	ahsei' shi. de.
víbora (f)	မြွေပွေး	mwei bwei:
naja (f)	မြွေပေါက်	mwei hau'
píton (m)	စပါးအုံးမြွေ	saba: oun: mwei

jiboia (f)	မြွေးပြီးမြွေ	saba: gji: mwei
cobra-de-água (f)	မြွက်လျောမြွေ	mje' sho: mwei
cascavel (f)	ခေါလောက်ဆွဲမြွေ	kha. lau' hswe: mwei
anaconda (f)	အနာကွန်ဒါမြွေ	ana kun da mwei
lagarto (m)	တွားသွားသတ္တဝါ	twa: dhwa: tha' tawa
iguana (f)	ဖွတ်	hpu'
varano (m)	ပုတ်သင်	pou' thin
salamandra (f)	ရေပုတ်သင်	jei bou' thin
camaleão (m)	ပုတ်သင်ညို	pou' thin njou
escorpião (m)	ကင်းမြီးကောက်	kin: mji: kau'
tartaruga (f)	လိပ်	lei'
rã (f)	ဖား	hpa:
sapo (m)	ဖားပြုပ်	hpa: bju'
crocodilo (m)	မိကျောင်း	mi. kjaun:

93. Insetos

inseto (m)	ပိုးမွှား	pou: hmwa:
borboleta (f)	လိပ်ပြာ	lei' pja
formiga (f)	ပုရွက်ဆိတ်	pu, jwe' hsei'
mosca (f)	ယင်ကောင်	jin gaun
mosquito (m)	ခြင်	chin
escaravelho (m)	ပိုးတောင်မာ	pou: daun ma
vespa (f)	နကျယ်ကောင်	na. gje gaun
abelha (f)	ပျား	pja:
mamangaba (f)	ပိတုန်း	pi. doun:
moscardo (m)	မှက်	hme'
aranha (f)	ပင့်ကူ	pjin. gu
teia (f) de aranha	ပင့်ကူအိမ်	pjin gu ein
libélula (f)	ပုစဉ်း	bazin
gafanhoto (m)	နှံကောင်	hnan gaun
traça (f)	ပိုးဖလံ	pou: ba. lan
barata (f)	ပိုးဟပ်	pou: ha'
carrapato (m)	မွှား	hmwa:
pulga (f)	သန်း	than:
borrachudo (m)	မှက်အသေးစား	hme' athei: za:
gafanhoto (m)	ကျိုင်းကောင်	kjain: kaun
caracol (m)	ခရု	khaju.
grilo (m)	ပုရစ်	paji'
pirilampo, vaga-lume (m)	ပိုးစုန်းကြူး	pou: zoun: gju:
joaninha (f)	လေဒီဘဲပိုးတောင်မာ	lei di ba' pou: daun ma
besouro (m)	အုန်းပိုး	oun: bou:
sanguessuga (f)	မျှော့	hmjo.
lagarta (f)	ပေါက်ဖက်	pau' hpe'
minhoca (f)	တီကောင်	ti gaun
larva (f)	ပိုးတုံးလုံး	pou: doun: loun:

FLORA

94. Árvores

árvore (f)	သစ်ပင်	thi' pin
decídua (adj)	ရွက်ပြုတ်	jwe' pja'
conífera (adj)	ထင်းရှူးပင်နှင့်ဆိုင်သော	htin: shu: bin hnin. zain de.
perene (adj)	အဲဟားရဂင်းပင်	e ba: ga rin: bin
macieira (f)	ပန်းသီးပင်	pan: dhi: bin
pereira (f)	သစ်တော်ပင်	thi' to bin
cerejeira (f)	ချယ်ရီသီးအချိုပင်	che ji dhi: akjou bin
ginjeira (f)	ချယ်ရီသီးအချဉ်ပင်	che ji dhi: akjin bin
ameixeira (f)	ဆီးပင်	hsi: bin
bétula (f)	ဘူဇပတ်ပင်	bu. za. ba' pin
carvalho (m)	ဝက်သစ်ချပင်	we' thi' cha. bin
tília (f)	လင်ဒန်ပင်	lin dan pin
choupo-tremedor (m)	ပေါ့ပလာပင်တစ်မျိုး	po. pa. la bin di' mjou:
bordo (m)	မေပယ်ပင်	mei pe bin
espruce (m)	ထင်းရှူးပင်တစ်မျိုး	htin: shu: bin ti' mjou:
pinheiro (m)	ထင်းရှူးပင်	htin: shu: bin
alerce, lariço (m)	ကတောဂုံထင်းရှူးပင်	ka dau. boun din: shu: pin
abeto (m)	ထင်းရှူးပင်တစ်မျိုး	htin: shu: bin ti' mjou:
cedro (m)	သစ်ကတိုးပင်	thi' gadou: bin
choupo, álamo (m)	ပေါ့ပလာပင်	po. pa. la bin
tramazeira (f)	ရာအန်ပင်	ra an bin
salgueiro (m)	မိုးမခပင်	mou: ma. ga. bin
amieiro (m)	အိုလ်ဒါပင်	oun da bin
faia (f)	ယင်းသစ်	jin: dhi'
ulmeiro, olmo (m)	အမ်ပင်	an bin
freixo (m)	အက်ရှအပင်	e' sh apin
castanheiro (m)	သစ်အယ်ပင်	thi' e
magnólia (f)	တတိုင်းမွှေးပင်	ta tain: hmwei: bin
palmeira (f)	ထန်းပင်	htan: bin
cipreste (m)	စိုက်ပရက်စ်ပင်	sai' pa. je's pin
mangue (m)	လမုပင်	la. mu. bin
embondeiro, baobá (m)	ကန္တာရပေါက်ပင်တစ်မျိုး	kan ta ja. bau' bin di' chju:
eucalipto (m)	ယူကလစ်ပင်	ju kali' pin
sequoia (f)	ဆီဂွိုလာပင်	hsi gwou la pin

95. Arbustos

arbusto (m)	ချုံပုတ်	choun bou'
arbusto (m), moita (f)	ချုံ	choun

videira (f)	စပျစ်	zabji'
vinhedo (m)	စပျစ်ခြံ	zabji' chan
framboeseira (f)	ရက်စဘယ်ရီ	re' sa be ji
groselheira-negra (f)	ဘလက်ကားရန့်	ba. le' ka: jan.
groselheira-vermelha (f)	အနီရောင်ဘယ်ရီသီး	ani jaun be ji dhi:
groselheira (f) espinhosa	ကုလားဆီးဖြူပင်	kala: zi: hpju pin
acácia (f)	အကေရှားပင်	akei sha: bin:
bérberis (f)	ဘားဘယ်ရီပင်	ba: be' ji bin
jasmim (m)	စံပယ်ပင်	san be bin
junípero (m)	ဂျုနီပါပင်	gju ni ba bin
roseira (f)	နှင်းဆီချုံ	hnin: zi gjun
roseira (f) brava	တောရိုင်းနှင်းဆီပင်	to: ein: hnin: zi bin

96. Frutos. Bagas

fruta (f)	အသီး	athi:
frutas (f pl)	အသီးများ	athi: mja:
maçã (f)	ပန်းသီး	pan: dhi:
pera (f)	သစ်တော်သီး	thi' to dhi:
ameixa (f)	ဆီးသီး	hsi: dhi:
morango (m)	စတော်ဘယ်ရီသီး	sato be ri dhi:
ginja (f)	ချယ်ရီရှဉ့်သီး	che ji gjin dhi:
cereja (f)	ချယ်ရီချိုသီး	che ji gjou dhi:
uva (f)	စပျစ်သီး	zabji' thi:
framboesa (f)	ရက်စဘယ်ရီ	re' sa be ji
groselha (f) negra	ဘလက်ကားရန့်	ba. le' ka: jan.
groselha (f) vermelha	အနီရောင်ဘယ်ရီသီး	ani jaun be ji dhi:
groselha (f) espinhosa	ကလားဆီးဖြူ	ka. la: his: hpju
oxicoco (m)	ကရန်ဘယ်ရီ	ka. jan be ji
laranja (f)	လိမ္မော်သီး	limmo dhi:
tangerina (f)	ပျားလိမ္မော်သီး	pja: lein mo dhi:
abacaxi (m)	နာနတ်သီး	na na' dhi:
banana (f)	ငှက်ပျောသီး	hnge' pjo: dhi:
tâmara (f)	စွန်ပလွံသီး	sun palun dhi:
limão (m)	သံပုရိသီး	than bu. jou dhi:
damasco (m)	တရုတ်ဆီးသီး	jau' hsi: dhi:
pêssego (m)	မက်မွန်သီး	me' mwan dhi:
quiuí (m)	ကီဝီသီး	ki wi dhi
toranja (f)	ဂရိတ်ဖရုသီး	ga. ri' hpa. ju dhi:
baga (f)	ဘယ်ရီသီး	be ji dhi:
bagas (f pl)	ဘယ်ရီသီးများ	be ji dhi: mja:
arando (m) vermelho	အနီရောင်ဘယ်ရီသီးတစ်မျိုး	ani jaun be ji dhi: di: mjou:
morango-silvestre (m)	စတော်ဘယ်ရီရိုင်း	sato be ri jain:
mirtilo (m)	ဘီလဘယ်ရီအသီး	bi' l be ji athi:

97. Flores. Plantas

flor (f)	ပန်း	pan:
buquê (m) de flores	ပန်းစည်း	pan: ze:
rosa (f)	နှင်းဆီပန်း	hnin: zi ban:
tulipa (f)	ကျူးလစ်ပန်း	kju: li' pan:
cravo (m)	ဇော်မွှားပန်း	zo hmwa: bin:
gladíolo (m)	သစ္စာပန်း	thi' sa ban:
centáurea (f)	အပြာရောင်တောပန်းတစ်မျိုး	apja jaun dho ban: da' mjou:
campainha (f)	ခေါင်းရန့်အပြာပန်း	gaun: jan: apja ban:
dente-de-leão (m)	တောပန်းအဝါတစ်မျိုး	to: ban: awa ti' mjou:
camomila (f)	မေမြို့ပန်း	mei. mjou. ban:
aloé (m)	ရှားစောင်းလက်ပတ်ပင်	sha: zaun: le' pa' pin
cacto (m)	ရှားစောင်းပင်	sha: zaun: bin
fícus (m)	ရော်ဘာပင်	jo ba bin
lírio (m)	နှင်းပန်း	hnin: ban:
gerânio (m)	ကြွေပန်းတစ်မျိုး	kjwei ban: da' mjou:
jacinto (m)	ဗေဒါပန်း	bei da ba:
mimosa (f)	ထိကရုံးကြီးပင်	hti. ga. joun: gji: bin
narciso (m)	နားဆီဇေ့စ်ပင်	na: zi ze's pin
capuchinha (f)	တောင်ကြာကလေး	taun gja galei:
orquídea (f)	သစ်ခွပင်	thi' khwa. bin
peônia (f)	စန္ဒပန်း	san dapan:
violeta (f)	ပိုင်အိုးလက်	bain: ou le'
amor-perfeito (m)	ပေါင်ဒါပန်း	paun da ban:
não-me-esqueças (m)	ခင်မမေ့ပန်း	khin ma. mei. pan:
margarida (f)	ဒေဇီပန်း	dei zi bin
papoula (f)	ဘိန်းပင်	bin: bin
cânhamo (m)	ဆေးခြောက်ပင်	hsei: chau' pin
hortelã, menta (f)	ပူစီနံ	pu zi nan
lírio-do-vale (m)	နှင်းပန်းတစ်မျိုး	hnin: ban: di' mjou:
campânula-branca (f)	နှင်းခေါင်းလောင်းပန်း	hnin: gaun: laun: ban:
urtiga (f)	ဖက်ယားပင်	hpe' ja: bin
azedinha (f)	မှော်ချဉ်ပင်	hmjo gji bin
nenúfar (m)	ကြာ	kja
samambaia (f)	ဖန်းပင်	hpan: bin
líquen (m)	သစ်ကပ်မှော်	thi' ka' hmo
estufa (f)	ဖန်လုံအိမ်	hpan ain
gramado (m)	မြက်ခင်း	mje' khin:
canteiro (m) de flores	ပန်းစိုက်ခင်း	pan: zai' khan:
planta (f)	အပင်	apin
grama (f)	မြက်	mje'
folha (f) de grama	ရွက်ချွန်း	jwe' chun:

folha (f)	အရွက်	ajwa'
pétala (f)	ပွင့်ချပ်	pwin: gja'
talo (m)	ပင်စည်	pin ze
tubérculo (m)	ဉမြစ်	u. mi'
broto, rebento (m)	အစို့အညှောက်	asou./a hnjau'
espinho (m)	ဆူး	hsu:
florescer (vi)	ပွင့်သည်	pwin: de
murchar (vi)	ညှိုးနွမ်းသည်	hnjou: nun: de
cheiro (m)	အနံ့	anan.
cortar (flores)	ရိတ်သည်	jei' te
colher (uma flor)	ခူးသည်	khu: de

98. Cereais, grãos

grão (m)	နံစားပင်တို့၏ အစေ့အဆန်	hnan za: bin dou. i. asei. ahsan
cereais (plantas)	ကောက်ပဲသီးနှံ	kau' pe: dhi: nan
espiga (f)	အနှံ	ahnan
trigo (m)	ဂျုံ	gja. mei: ka:
centeio (m)	ဂျုံရိုင်း	gjoun jain:
aveia (f)	မျင်းစားဂျုံ	mjin: za: gjoun
painço (m)	ကောက်ပဲသီးနှံပင်	kau' pe: dhi: nan bin
cevada (f)	မူယောစပါး	mu. jo za. ba:
milho (m)	ပြောင်းဖူး	pjaun: bu:
arroz (m)	ဆန်စပါး	hsan zaba
trigo-sarraceno (m)	ပန်းဂျုံ	pan: gjun
ervilha (f)	ပဲစေ့	pe: zei.
feijão (m) roxo	ပဲလီစားပဲ	bou za: be:
soja (f)	ပဲပုပ်ပဲ	pe: bou' pe
lentilha (f)	ပဲနီကလေး	pe: ni ga. lei:
feijão (m)	ပဲအမျိုးမျိုး	pe: amjou: mjou:

PAÍSES DO MUNDO

99. Países. Parte 1

Afeganistão (m)	အာဖဂန်နစ္စတန်	apha. gan na' tan
África (f) do Sul	တောင်အာဖရိက	taun a hpa. ji. ka.
Albânia (f)	အယ်လ်ဘေးနီးယား	e l bei: ni: ja:
Alemanha (f)	ဂျာမန်	gja man
Arábia (f) Saudita	ဆော်ဒီအာရေဗီးယား	hso: di a jei. bi: ja:
Argentina (f)	အာဂျင်တီးနား	agin ti: na:
Armênia (f)	အာမေးနီးယား	a me: ni: ja:
Austrália (f)	သြစတြေးလျ	thja za djei: lja
Áustria (f)	သြစတြီးယား	o. sa. tji: ja:
Azerbaijão (m)	အာဇာဘိုင်ဂျန်	a za bain gjin:
Bahamas (f pl)	ဘာဟားမား	ba ha me'
Bangladesh (m)	ဘင်္ဂလားဒေ့ရှ်	bang la: dei. sh
Bélgica (f)	ဘယ်လ်ဂျီယံ	be l gji jan
Belarus	ဘီလာရုစ်	bi la ju'
Bolívia (f)	ဘိုလစ်ဗီးယား	bou la' bi: ja:
Bósnia e Herzegovina (f)	ဘော့စနီးယားနှင့်ဟာဇီဂိုဗီနာ	bo'. ni: ja: hnin. ha zi gou bi na
Brasil (m)	ဘရာဇီလ်	ba. ra zi'l
Bulgária (f)	ဘူလ်ဂေးရီးယား	bou gei: ji: ja
Camboja (f)	ကမ္ဘောဒီးယား	ga khan ba di: ja:
Canadá (m)	ကနေဒါနိုင်ငံ	ka. nei da nain gan
Cazaquistão (m)	ကာဇက်စတန်	ka ze' satan
Chile (m)	ချီလီ	chi li
China (f)	တရုတ်	tajou'
Chipre (m)	ဆူးပရက်စ်	hsu: pa. je' s te.
Colômbia (f)	ကိုလံဗီးယား	kou lan: bi: ja:
Coreia (f) do Norte	မြောက်ကိုရီးယား	mjau' kou ji: ja:
Coreia (f) do Sul	တောင်ကိုရီးယား	taun kou ri: ja:
Croácia (f)	ခရိုအေးရှား	kha. jou ei: sha:
Cuba (f)	ကျူးဘား	kju: ba:
Dinamarca (f)	ဒိန်းမတ်	dein: ma'
Egito (m)	အီဂျစ်	igji'
Emirados Árabes Unidos	အာရပ်နိုင်ငံများ	a ra' nain ngan mja:
Equador (m)	အီကွေဒေါ	i kwei: do:
Escócia (f)	စကော့တလန်	sa. ko: talan
Eslováquia (f)	ဆလိုဗာကီးယား	hsa. lou ba ki ja
Eslovênia (f)	ဆလိုဗီနီးယား	hsa. lou bi ni: ja:
Espanha (f)	စပိန်	sapein
Estados Unidos da América	အမေရိကန် ပြည်ထောင်စု	amei ji kan pji htaun zu
Estônia (f)	အက်စ်တိုးနီးယား	e's to' ni: ja:
Finlândia (f)	ဖင်လန်	hpin lan
França (f)	ပြင်သစ်	pjin dhi'

100. Países. Parte 2

Gana (f)	ဂါနာ	ga na
Geórgia (f)	ဂျော်ဂျီယာ	gjo gji ja
Grã-Bretanha (f)	အင်္ဂလန်	angga. lan
Grécia (f)	ဂရိ	ga. ri.
Haiti (m)	ဟိုင်တီ	hain ti
Hungria (f)	ဟန်ဂေရီ	han gei ji
Índia (f)	အိန္ဒိယ	indi. ja
Indonésia (f)	အင်ဒိုနီးရှား	in do ni: sha:
Inglaterra (f)	အင်္ဂလန်	angga. lan
Irã (m)	အီရန်	iran
Iraque (m)	အီရတ်	ira'
Irlanda (f)	အိုင်ယာလန်	ain ja lan
Islândia (f)	အိုက်စလန်း	ai' sa lan:
Israel (m)	အစ္စရေး	a' sa. jei:
Itália (f)	အီတလီ	ita. li
Jamaica (f)	ဂျမေးကား	g'me:kaa:
Japão (m)	ဂျပန်	gja pan
Jordânia (f)	ဂျော်ဒန်	gjo dan
Kuwait (m)	ကူဝိတ်	ku wi'
Laos (m)	လာအို	la ou
Letônia (f)	လတ်ဗိယန်	la' bi jan
Líbano (m)	လက်ဘနွန်	le' ba. nun
Líbia (f)	လီဗီယာ	li bi ja
Liechtenstein (m)	ဘာဒီကန်လူမျိုး	ba di gan dhu mjo:
Lituânia (f)	လစ်သူနီယံ	li' thu ni jan
Luxemburgo (m)	လူဇင်ဘော့	lju hsan bo.
Macedônia (f)	မက်ဆီဒိုးနီးယား	me' hsi: dou: ni: ja:
Madagascar (m)	မာဒဂက်ကာစကာ	ma de' ka za ga
Malásia (f)	မလေးရှား	ma. lei: sha:
Malta (f)	မာတာ	ma ta
Marrocos	မော်ရိုကို	mo jou gou
México (m)	မက္ကဆီကိုနိုင်ငံ	me' ka. hsi kou nain ngan
Birmânia (f)	မြန်မာ	mjan ma
Moldávia (f)	မိုဒိုရာ	mou dou ja
Mônaco (m)	မိုနာကို	mou na kou
Mongólia (f)	မွန်ဂိုလီးယား	mun gou li: ja:
Montenegro (m)	မွန်တန်နီဂရို	mun dan ni ga. jou
Namíbia (f)	နမီးဘီးယား	nami: bi: ja:
Nepal (m)	နီပေါ	ni po:
Noruega (f)	နော်ဝေး	no wei:
Nova Zelândia (f)	နယူးဇီလန်	na. ju: zi lan

101. Países. Parte 3

Países Baixos (m pl)	နယ်သာလန်	ne dha lan
Palestina (f)	ပါလက်စတိုင်း	pa le' sa tain:

Português	Birmanês	Pronúncia
Panamá (m)	ပနားမား	pa. na: ma:
Paquistão (m)	ပါကစ္စတန်	pa ki' sa. tan
Paraguai (m)	ပါရာဂွေး	pa ja gwei:
Peru (m)	ပီရူး	pi ju:
Polinésia (f) Francesa	ပြင်သစ် ပေါ်လီးနီးရှား	pjin dhi' po li: ni: sha:
Polônia (f)	ပိုလန်	pou lan
Portugal (m)	ပေါ်တူဂီ	po tu gi
Quênia (f)	ကင်ညာ	kin nja
Quirguistão (m)	ကစ်ရ်ကာစ္စတန်	ki' ji ki' za. tan
República (f) Checa	ချက်	che'
República Dominicana	ဒိုမီနိကန်	dou mi ni kan
Romênia (f)	ရူမေးနီးယား	ru mei: ni: ja:
Rússia (f)	ရုရှား	ru. sha:
Senegal (m)	ဆယ်နီဂေါ်	hse ni go
Sérvia (f)	ဆယ်ဗီယံ	hse bi jan.
Síria (f)	ဆီးရီးယား	hsi: ji: ja:
Suécia (f)	ဆွီဒင်	hswi din
Suíça (f)	ဆွစ်ဇာလန်	hswa' za lan
Suriname (m)	ဆူရိနမ်း	hsu. ji nei:
Tailândia (f)	ထိုင်း	htain:
Taiwan (m)	ထိုင်ဝမ်	htain wan
Tajiquistão (m)	တာဂျစ်ကာစ္စတန်	ta gji' ki' sa. tan
Tanzânia (f)	တန်ဇားနီးယား	tan za: ni: ja:
Tasmânia (f)	တာစ်မေးနီးယား	ta. s mei: ni: ja:
Tunísia (f)	တူနစ်ရှား	tu ni' sha:
Turquemenistão (m)	တပ်မင်နစ္စတန်	ta' min ni' sa. tan
Turquia (f)	တူရကီ	tu ra. ki
Ucrânia (f)	ယူကရိန်း	ju ka. jein:
Uruguai (m)	အူရူဂွေး	ou. ju gwei:
Uzbequistão (f)	ဥဇဘက်ကစ္စတန်	u. za. be' ki' sa. tan
Vaticano (m)	ဗာတီကန်	ba di gan
Venezuela (f)	ဗယ်နီဇွဲလား	be ni zwe: la:
Vietnã (m)	ဗီယက်နမ်	bi je' nan
Zanzibar (m)	ဇန်ဇီဘာ	zan zi ba

www.ingramcontent.com/pod-product-compliance
Lightning Source LLC
Chambersburg PA
CBHW060207050426
42446CB00013B/3014